Alberto Bertolazzi
Zeichnungen von Erika De Pieri

Basketball für Kinder

Ein illustriertes Sachbuch

Meyer & Meyer Verlag

INHALT

WIE ENTSTAND BASKETBALL?
Seite 4

BEVOR DU BEGINNST
Seite 6

GRUNDLAGEN
Seite 16

WIE ENTSTAND BASKETBALL?

Die Geschichte von Basketball begann 1891. Seitdem wurde das, was wir als „Basketball" kennen, eine der meistgespielten und beliebtesten Sportarten der Welt.

JAMES NAISMITH DER KANADISCHE ERFINDER

Basketball wurde von James Naismith erfunden, einem kanadischen Sportlehrer an der International YMCA Training School in Springfield, Massachusetts. Die Schulbehörde hatte ihn beauftragt, eine Sportart zu finden, die die Footballspieler der YMCA im Winter fit halten würde. Einer der Studenten taufte das Spiel Basketball, nachdem der Erfinder sich geweigert hatte, es „Naismithball" zu nennen.

EIN KORB ALS KORB

Zu Beginn war der Korb ein Weidenkorb, der auf einer bestimmten Höhe befestigt wurde (die Höhe wurde so gewählt, dass die Spieler springen mussten, um ihn zu berühren). Da der Korb unten geschlossen war, benutzte man eine Leiter, um den Ball herauszuholen.

ANFANGS GAB ES NUR 13 REGELN…

Basketball entstand am 15. Dezember 1891. Damals gab es nur 13 Regeln, von denen fünf noch heute gelten:

- Der Ball ist rund.
- Der Ball darf nur mit den Händen berührt werden.
- Die Spieler dürfen sich nicht mit dem Ball in den Händen fortbewegen.
- Basketball ist ein kontaktloser Sport.
- Der Korb wird auf einer festgelegten Höhe angebracht.

… UND NEUN SPIELER PRO TEAM

Zu Beginn variierte die Anzahl der Spieler pro Mannschaft häufig. Am 21. Dezember 1891 fand das erste Spiel der Basketballgeschichte statt: Die beiden Teams hatten jeweils neun Spieler. Dank William Richmond Chases Korb endete das Spiel 1:0.

BEVOR DU BEGINNST

10 DINGE, DIE DU WISSEN SOLLTEST

- Das Ziel ist, einen Korb zu machen.
- Wer die meisten Punkte erzielt, gewinnt.
- Man spielt fünf gegen fünf.
- Um Punkte zu erzielen, muss man den Ball im Korb versenken.
- Die Füße dürfen nicht benutzt werden.
- Man muss dribbeln, wenn man sich fortbewegt.
- Man spielt drinnen in der Sporthalle oder draußen auf kleinen Spielfeldern.
- Es gibt zwei Schiedsrichter, die auf die Einhaltung der Regeln achten.
- Der Ball ist wichtig und jeder möchte ihn haben.
- Das Spiel dauert bis zu 48 Minuten (aufgeteilt in vier Viertel).

GRUNDAUSSTATTUNG

DER BALL

Der Ball ist das Objekt der Begierde: Jeder möchte ihn haben! Er ist eine Kugel, die bei den Wettbewerben der Herren einen Umfang zwischen 74,9 und 78 Zentimetern hat und bei den Wettbewerben der Damen zwischen 72,4 und 73,7 Zentimetern. Der Durchmesser liegt bei den Herren zwischen 23,8 und 24,8 Zentimetern und bei den Damen zwischen 23 und 23,5 Zentimetern. Das Gewicht beträgt bei den Herren zwischen 567 und 650 Gramm und bei den Damen zwischen 510 und 567 Gramm. Der äußere Teil kann aus Leder oder synthetischem Material bestehen.

BASKETBALLSCHUHE

Basketballschuhe haben zwei Merkmale: eine Sohle, die das Laufen und Springen auf dem harten Hallenboden abdämpft, und ein Obermaterial, das dem Fuß und Sprunggelenk Halt gibt, um das Risiko von Umknicken und Fußgelenkverletzungen zu senken. Um diesen Schutz zu bieten, bedecken Basketballschuhe gewöhnlich den gesamten Knöchel und können mit Schnürsenkeln und Klettverschluss geschlossen werden.

SCHWEISS-BÄNDER

Schweißbänder sollen den Schweiß der Spieler aufnehmen und sind ein wesentlicher Bestandteil der idealen Basketballbekleidung. Es gibt keine Obergrenze, wie viele Schweißbänder Spieler benutzen können, aber normalerweise tragen sie zwei um die Handgelenke und eins um den Kopf.

TRIKOTS UND SHORTS

Auch wenn in letzter Zeit Shirts mit Ärmeln in Mode gekommen sind, ist Basketball eine Sportart, die man in einem Tanktop spielt. Das ist nicht nur eine Frage der Tradition, sondern auch der Hygiene, denn Basketball spielt man oft in einer Halle und schwitzt daher viel! Zum Outfit gehören auch Shorts, die heutzutage knielang sind, und atmungsaktive Socken.

DAS BASKETBALL-SPIELFELD

Basketball wird gewöhnlich fünf gegen fünf auf einem Spielfeld in einer Sporthalle gespielt. Manchmal reicht aber auch ein Platz im Freien, und man braucht auch nicht immer zwei Körbe: Das wird als „Playground" (deutsch: Spielplatz) bezeichnet, und viele große Champions haben dort angefangen.

WIE SIEHT EIN REGULÄRES BASKETBALLSPIELFELD AUS?

Das Basketballspielfeld ist ein 28 mal 15 Meter großes Rechteck (30 mal 17 Meter in den USA). Die Linien auf dem Boden sind weiß (rot in der Halle), fünf Zentimeter breit und gehören nicht zum Spielfeld: Der Ball ist aus, sobald er von einem Spieler berührt wird, der die Spielfeldbegrenzung berührt oder überschreitet. Das Spielfeld wird von einer mindestens zwei Meter breiten, freien Zone umgeben, um Unfälle zu verhindern. Der Korb befindet sich 3,05 Meter über dem Boden.

➤ Der Boden besteht normalerweise aus Holz (für wichtige Meisterschaften ist das Pflicht), Gummi oder synthetischen Materialien.

➤ Im Spielfeld gibt es weitere Linien, die in derselben Farbe gezeichnet und immer fünf Zentimeter breit sind. Diese Linien werden zu bestimmten Zeitpunkten im Spiel genutzt: Die Mittellinie trennt beispielsweise den Angriffsbereich vom Verteidigungsbereich, und wenn man sie einmal übertritt, kann man nicht wieder zurücklaufen.

➤ Die halbkreisförmige Linie, die 6,75 Meter (in der NBA 7,25 Meter) vom Korb entfernt ist, trennt den Bereich, wo ein erfolgreicher Korbwurf zwei Punkte wert ist, von dem Bereich, wo er drei Punkte wert ist. Die Freiwurflinie kennzeichnet den Punkt, von dem aus Freiwürfe gemacht werden, die einen Punkt wert sind.

➤ Das Rechteck in der Nähe des Korbs zeigt den Bereich an, in dem man sich nicht länger als drei Sekunden aufhalten darf.

➤ Die Markierungen am Zonenrand zeigen die Rebound-Positionen bei einem Freiwurf an.

WAS IST STREETBALL?

„Streetball" entstand in den USA und bedeutet in etwa „auf der Straße spielen". Natürlich unterscheidet sich das Streetball-Spielfeld von einem offiziellen Spielfeld. Die Oberfläche besteht aus Asphalt oder Beton, und häufig umgibt ein hoher Maschendrahtzaun den Platz, damit der Ball nicht auf der Straße landet. Die Größe variiert: Sie reicht von einem Platz mit zwei Körben bis hin zu Feldern, die lediglich ein paar Quadratmeter groß sind und nur über einen Korb verfügen, auf den man zwei gegen zwei oder drei gegen drei spielt.

Die Spiele können von ein paar Minuten bis zu mehreren Stunden dauern. Auch die Regeln können sich unterscheiden: Häufig geben die Spieler den Ball beispielsweise demjenigen zurück, der einen Korb erzielt hat, oder sie geben nach einem Foul keine Freiwürfe. Die bekanntesten Freiplätze befinden sich in den USA, zum Beispiel in New York (Brooklyn, Harlem, Manhattan …) oder in Los Angeles und Chicago. Amerikaner sind auch die berühmtesten „Streetballer", auf denen einige bekannte Filme basieren, wie *Weiße Jungs bringen's nicht*.

DIE POSITIONEN

Man spielt zu fünft, und das ganze Team ist sehr wichtig. Auch wenn du vielleicht denkst, Basketball sei nur etwas für groß gewachsene Menschen, gibt es für jeden eine Rolle.

DER POWER FORWARD

DER POINT GUARD

DER SHOOTING GUARD

DER SMALL FORWARD

DER POWER FORWARD

Der Power Forward ist der zweitgrößte Spieler im Team und muss ein bisschen agiler sein als der Center. Im modernen Basketball sind die Power Forwards Alleskönner. Sie müssen den Gegenspieler schlagen und sehr gut von außen werfen können. In der Vergangenheit setzte man auf starke Rebounder, die in der Drei-Sekunden-Zone sehr präsent waren.

DER POINT GUARD

Der Point Guard ist der Spieler, der das Team führt und die Spielzüge ansagt. Er ist der „Direktor". Er entscheidet, wie angegriffen wird, und manchmal auch, wie verteidigt wird. Er muss sehr schnell sein, vor allem im Denken, und mit beiden Händen sehr gut dribbeln und passen können. Im Allgemeinen benötigt er eine herausragende Spielübersicht und hilft seinen Mannschaftskameraden, indem er sich geniale Lösungen ausdenkt.

DER SHOOTING GUARD

Der Shooting Guard ist meist der Spieler, der die meisten Punkte erzielt, weil er sehr gut werfen kann. Einige großartige, legendäre Spieler, wie Michael Jordan oder Kobe Bryant, waren Shooting Guards. Der Shooting Guard ist meist größer als der Point Guard, aber er muss sich trotzdem schnell bewegen. Wenn er mit einem Gegenspieler konfrontiert wird, der gut Punkte erzielen kann, muss er auch sehr gut verteidigen können.

DER CENTER (PIVOT)

DIE BANK

DER SMALL FORWARD

DER CENTER (PIVOT)

DIE BANK

Der Small Forward muss sehr schnell sein und gute Reflexe haben. In der Verteidigung kann er sowohl kleinere als auch größere Gegenspieler decken, während er im Angriff seinen Drei-Punkte-Wurf aus einer vom Korb weit entfernten Position anwenden muss. Er kann seinen Körper aber auch in der Nähe des Korbs einsetzen und versuchen, gegen langsamere Gegenspieler seine Schnelligkeit und gegen kleinere Gegenspieler seine Stärke auszunutzen.

Er ist der größte und schwerste Spieler im Team. Meist spielt er sowohl im Angriff als auch in der Verteidigung in der Mitte der Zone. Um seinen Teamkameraden zu helfen, schaltet er schnell zwischen Angriff und Verteidigung um. Er muss seine körperliche Stärke nutzen, um den Großteil der Rebounds zu übernehmen, Gegenspieler daran zu hindern, in die Zone zu gelangen, und Blocks einzusetzen, damit seine Teamkameraden sich aus der Deckung befreien können.

Auch wenn sie lieber auf dem Spielfeld wären, können die Auswechselspieler auf der Bank sehr wichtig sein: Sie bieten Trainern verschiedene Optionen. Je nach ihren technischen oder körperlichen Merkmalen können Trainer sie einwechseln, um Spielzüge zu verändern und die Mannschaft an die verschiedenen taktischen Bedürfnisse des Spiels anzupassen.

PUNKTGEBUNG UND DAUER

Die Punktgebung und Zeiteinteilung von Basketballspielen wurden so gewählt, dass sie ein Spiel so eng und interessant wie möglich machen. Deshalb gibt es Ein-, Zwei- und Drei-Punkte-Würfe. Und deshalb werden die 40 (oder 48) Minuten eines Spiels in vier Viertel aufgeteilt.

SPIELZEIT

Laut den Regeln der FIBA (des Basketballverbands in Europa) dauert ein Spiel 40 Minuten und laut der NBA (dem Verband, der professionelle Spiele in den USA organisiert) 48 Minuten. In Europa ist jedes der vier Viertel daher 10 Minuten und in den USA 12 Minuten lang. Die Pausen sind unterschiedlich lang, und die „Time-outs" (Auszeiten oder Unterbrechungen, die die Trainer ansagen) dauern eine Minute.

1. VIERTEL 10 MIN. (12 MIN.)
2. VIERTEL 10 MIN. (12 MIN.)
3. VIERTEL 10 MIN. (12 MIN.)
4. VIERTEL 10 MIN. (12 MIN.)

PAUSE 15 MIN.

DIE PUNKTE

Die Punkte zu zählen, ist ein bisschen kompliziert: Beim Fußball erhält man für jedes Tor einen Punkt. Beim Basketball haben Körbe unterschiedliche Werte, je nachdem, von welcher Position aus man wirft. Wenn der Werfer sich hinter der Linie befindet, die 6,75 Meter (in der NBA 7,25 Meter) vom Korb entfernt ist, ist der Korb drei Punkte wert. Wenn er sich vor der Linie befindet, ist der Korb zwei Punkte wert, und wenn er von der Freiwurflinie aus einen Freiwurf macht, ist der Korb einen Punkt wert.

ZWEI-PUNKTE-KORB

wenn der Werfer sich vor der Drei-Punkte-Linie befindet (die Linie zählt mit zu diesem Bereich).

DREI-PUNKTE-KORB

wenn der Werfer sich hinter der Drei-Punkte-Linie befindet.

EIN-PUNKT-KORB

wenn der Wurf ein Freiwurf nach einem Foul ist.

WAS DU NICHT TUN SOLLTEST UND DIE SCHIEDSRICHTER

Es gibt ein paar wichtige Regeln, die du befolgen solltest. Das sind die Grundregeln:

> Du darfst nicht mit beiden Händen gleichzeitig dribbeln. Das ist auch ein **Doppeldribblingverstoß**.

> Du darfst nicht dribbeln, den Ball festhalten und dann wieder dribbeln: Das wird als **Doppeldribbling** bezeichnet. Du darfst auch nicht die Hand unter den Ball führen, als wolltest du ihn festhalten, und dann weiterdribbeln: Das wird als **Carrying oder Palming** bezeichnet.

> Du darfst den Verteidiger der gegnerischen Mannschaft nicht wegstoßen, wenn er vor dir steht: Das wird als **Charging** bezeichnet.

> Du darfst nicht mit dem Ball in der Hand laufen, ohne zu dribbeln. Du darfst nicht einmal einen Schritt zu viel machen, rutschen, springen oder die Füße über den Boden schleifen lassen, wenn du den Ball in der Hand hältst. Das wird als **Traveling** oder **Schrittfehler** bezeichnet.

> Du darfst nicht grob mit deinem Gegenspieler umgehen, ohne die Aussicht zu haben, den Ball zu spielen. Im Sinne des sportlichen Verhaltens darfst du auch nicht laut protestieren oder dich mit Gegenspielern streiten. Die Schiedsrichter könnten das als **unsportliches** oder **technisches Foul** einordnen.

> Du darfst einen ballführenden Gegenspieler nicht wegstoßen oder schlagen. Falls das während eines Wurfs auf den Korb geschieht, erhält der Gegenspieler **Freiwürfe**.

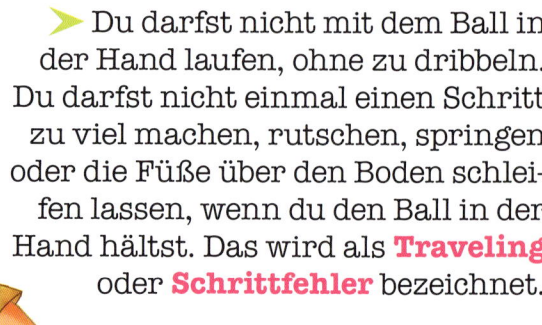

ZEITÜBERTRETUNGEN

Die Basketballregeln geben Zeitlimits für bestimmte Dinge vor, um das Spiel schneller und unterhaltsamer zu machen.
Wie lauten diese Regeln?

▶ **DREI-SEKUNDEN-REGEL:** Wenn ein Spieler länger als die erlaubte Zeit in der Drei-Sekunden-Zone des gegnerischen Teams bleibt, während sein Team Ballbesitz hat.

▶ **FÜNF SEKUNDEN ODER NAHBEWACHUNGSVERSTOSS:** Wenn ein Spieler nicht innerhalb von fünf Sekunden einen Einwurf macht oder den Ball während des Spiels fünf Sekunden lang festhält, nachdem er aufgehört hat, zu dribbeln.

▶ **ACHT SEKUNDEN:** Wenn das angreifende Team nicht innerhalb der vorgegebenen Zeit mit dem Ball die Mittellinie überquert.

▶ **24 SEKUNDEN:** Wenn das angreifende Team nicht innerhalb der vorgegebenen Zeit auf den Korb des gegnerischen Teams wirft (sodass der Ball in den Korb geht oder den Ring berührt).

SCHIEDSRICHTER UND IHRE SIGNALE

Je nach Niveau und Art des Turniers kann es bei offiziellen Spielen zwei oder drei Schiedsrichter geben. Damit sie sich mit dem Kampfgericht verständigen können, das am Anschreibetisch sitzt, und Spielern und Trainern ihre Entscheidungen erklären können, verwenden sie verschiedene Handsignale. Dies sind einige der am häufigsten eingesetzten Signale:

KORB

FOUL

SPIELRICHTUNG

DOPPELDRIBBLING

TRAVELING

GRUNDLAGEN

DRIBBLING

Das ist die einzige Möglichkeit, sich mit dem Ball auf dem Spielfeld fortzubewegen, denn die Regeln besagen, dass man nicht mit dem Ball in der Hand laufen darf! Wie wir später sehen werden, hat Dribbeln einen ganz bestimmten Zweck: sich mit dem Ball fortzubewegen, um den Gegenspieler zu schlagen und zum Korb zu kommen. Irre nicht ziellos auf dem Spielfeld umher.

REGEL 1: NUR EINE HAND BENUTZEN

▶ Das Dribbeln sollte nur mit einer Hand (austauschbar links oder rechts) und nicht mit beiden Händen gleichzeitig erfolgen.

▶ Wenn du beide Hände gleichzeitig benutzt, kann der Schiedsrichter einen Regelverstoß pfeifen. Außerdem wärst du unkoordiniert, würdest auf deine Füße dribbeln und könntest nicht gut laufen.

JA **NEIN**

REGEL 2: HANDGELENKE UND FINGER BENUTZEN

Die Kontrolle des Balls beim Dribbeln erfolgt sowohl im Stand als auch bei der Fortbewegung mit den Fingern und nicht mit der Handfläche. Du solltest das Handgelenk, und nicht den ganzen Arm, nach oben und unten bewegen. Beim Dribbeln muss deine Hand den Ball kontrolliert berühren, sodass du nicht zu viel Kraft aus den Armen einsetzen musst. Deshalb solltest du den Ball nicht mit der gesamten Handfläche, sondern nur mit den Fingerspitzen berühren. Spreize die Finger, um einen möglichst großen Teil des Balls zu kontrollieren.

REGEL 4: TIEF BLEIBEN UND DEN BALL NICHT ÜBER DEN ELLBOGEN KOMMEN LASSEN

Beim korrekten Dribbeln springt der Ball nicht über die Höhe des Ellbogens, wenn der Arm in der korrekten Position gehalten wird. Der Arm sollte in Bezug auf die Schulter ein „L" bilden. Je tiefer du den Ball prellst, desto schwieriger wird es für deinen Gegenspieler, ihn dir wegzunehmen. Daher ist es ratsam, eine tiefe Position einzunehmen, ähnlich wie bei der Verteidigung. ● Stelle die Füße schulterbreit auseinander, beuge die Knie und strecke den Po ein bisschen nach hinten (als wolltest du dich hinsetzen). ● Halte den Kopf und Oberkörper gerade. So nimmst du eine stabile Position ein, und der Ball springt nicht zu hoch und ist kontrolliert.

REGEL 3: DIE HAND ÜBER DEM BALL HALTEN

Versuche, die Hand über dem Ball zu halten, sodass er sich unter deinen Fingern befindet, wenn er wieder nach oben springt. So kann der Ball dir nicht entwischen. Außerdem verringerst du die Gefahr von „Doppeldribbling" (d. h., den Ball bei demselben Dribbel zweimal zu berühren).

REGEL 5: LERNE, BEIDE HÄNDE ZU BENUTZEN

Es ist ein großer Vorteil, mit beiden Händen dribbeln zu können: So kannst du den Ball von deinem Gegenspieler weghalten, und indem du den Ball schnell von einer Hand in die andere passt, kannst du schnell die Richtung wechseln und den Verteidiger schlagen.

DRIBBLING BEI DER FORTBEWEGUNG

Normalerweise dribbelt man, um dem Gegenspieler zu entkommen und den Ball über das Spielfeld zu bewegen. Du dribbelst also fast immer, während du dich fortbewegst. Daher müssen wir ein paar neue Fähigkeiten zu den Regeln hinzufügen, die wir uns schon angesehen haben, damit du den Ball nicht verlierst und es dir leichter fällt, zu laufen, auf den Korb zu werfen oder zu passen.

REGEL 6: DEN KOPF HOCHHALTEN

Wenn das Dribbeln noch nicht automatisch erfolgt, ist es schwierig, den Ball nicht anzusehen. Es ist aber sehr wichtig, dribbeln zu können, ohne dabei den Ball anzusehen, weil du während des Spiels die Position deiner Teamkameraden, deine Gegenspieler und natürlich den Korb im Auge behalten musst. Das kannst du nicht, wenn du die ganze Zeit auf den Ball starrst.

- Mit mehr Übung gewöhnst du dich daran, zu dribbeln, ohne dir den Ball auf die Füße zu werfen, und ihn nur aus dem „Augenwinkel" zu verfolgen.

REGEL 7: DARAUF ACHTEN, WOHIN DU DRIBBELST

Achte darauf, wohin du dribbelst. Während des Spiels ändert sich die Art, wie du dribbelst, je nach deiner Position und der Position der anderen Spieler um dich herum. Auf dem offenen Spielfeld kannst du den Ball vor dir aufprallen lassen, um schneller laufen zu können. Wenn du aber in der Nähe eines Verteidigers bist (vor allem in der Nähe des Verteidigers, der für dich zuständig ist), musst du seitlich direkt neben deinem Schuh dribbeln und eine tiefe Position einnehmen, um den Ball zu verteidigen.

REGEL 8: DIE „SPUR" BEACHTEN

Um zu vermeiden, dass du dir den Ball beim Laufen auf die Füße wirfst, muss der Ball vor und rechts neben deinem rechten Fuß aufspringen, wenn du die rechte Hand benutzt, und links neben deinem linken Fuß, wenn du die linke Hand benutzt. Stelle dir vor, zwischen diesen beiden Positionen befände sich eine „Spur", die immer frei bleiben muss, damit die Beine sich bewegen können.
- Der Ball darf die Spur nur kreuzen, wenn du die Hand wechselst (und das muss so schnell wie möglich geschehen).

REGEL 9: DEN KÖRPER EINSETZEN

Wenn der Verteidiger sich auf dich zubewegt, um den Ball zu erobern, verteidigst du den Ball mit deinem Körper. ● Dribble nie vor dem Verteidiger, sondern verstecke den Ball, indem du ihn „verdeckst". Häufig reicht der Arm, der nicht dribbelt, um den Verteidiger auf Abstand zu halten. Hebe ihn an, sodass die Außenseite des Unterarms zu deinem Gegenspieler zeigt. ● Stoße den Verteidiger nicht weg oder remple ihn nicht an; stelle mit dem Arm nur sicher, dass Platz zwischen dir und deinem Gegenspieler ist.

REGEL 10: BESSER PASSEN

Dribbling ist manchmal die einzige Möglichkeit, den Ball in den Angriff zu bringen oder den Ballbesitz zu verteidigen. Es kann das Spiel aber auch verlangsamen. Ein Pass ist deutlich schneller. Sei also nicht egoistisch: In die gegnerische Zone zu dribbeln, bedeutet, dass du viele Verteidiger bezwingen musst. Daher ist es besser, den Ball zu einem Teamkameraden zu passen, der in einer besseren Position ist.

Basketball ist ein Mannschaftssport. Daher musst du lernen, mit deinen Teamkameraden zu spielen, und dafür musst du passen können. Meist bevorzugt man es, den Ball zu behalten, zu dribbeln und auf den Korb zu werfen. Den Ball zu passen, wirkt fast schon so, als verlöre man ihn. Du musst aber verstehen, dass der Pass eine Form der Kommunikation mit deinen Mannschaftskameraden darstellt und dass Passen schneller ist als Dribbeln.

PASSEN

FÜNF VERSCHIEDENE PASSARTEN

Es gibt verschiedene Arten, den Ball zu passen:

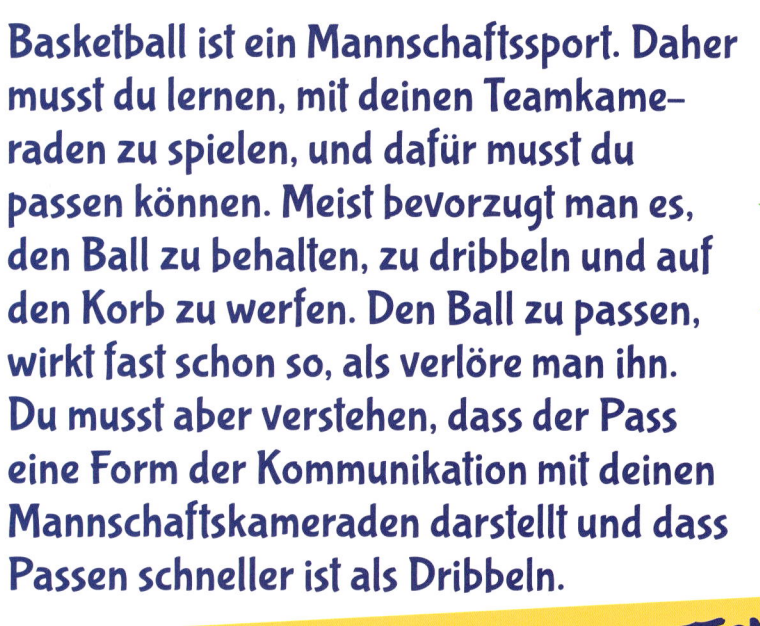

1 Ein Druckpass in Brusthöhe mit beiden Händen: Dies ist der am häufigsten genutzte Pass, weil er Kraft und Genauigkeit vereint. Bedenke aber, dass er auch am leichtesten vorherzusehen ist.

2 Bodenpass mit einer Hand oder mit beiden Händen: Dieser Pass ist ein bisschen langsamer (der Ball verliert beim Aufprall Geschwindigkeit), aber weniger vorhersehbar, vor allem, wenn er aus dem Dribbeln heraus mit einer Hand durchgeführt wird.

3 Beidhändiger Überkopfpass: Diesen Pass musst du machen, wenn du nach dem Dribbling eng gedeckt wirst und ein Passfenster über den Verteidigern öffnen kannst.

4 Passen von rechts oder links mit einer oder mit beiden Händen: Es ist schwierig, diesen Pass kraftvoll und präzise durchzuführen, aber mit dieser Passart kannst du die Defense überraschen, was viel wertvolle Spielzeit spart.

5 Einhändiger Baseballpass (meist mit der starken Hand): Er ist nützlich, um den Ball weit zu werfen, beispielsweise zu dem frei stehenden Teamkameraden auf der anderen Seite des Spielfelds. Es reicht nicht, einen Pass gut auszuführen. Es ist sehr wichtig, sich je nach Spielsituation für den angemessensten Schritt zu entscheiden!

DER PERFEKTE PASS

Ein gutes Team spielt den Ball ab, ohne es der gegnerischen Verteidigung zu ermöglichen, sich zu organisieren. Die Vorstellung, Basketball werde von Meistern ihrer Kunst gespielt, wie Zauberern oder Jongleuren, entspricht nicht der Wirklichkeit: Ein guter Spieler passt den Ball, ein egoistischer Spieler behält ihn und verliert ihn irgendwann. Gutes Passen zu lernen, ist daher wichtig, um ein guter Spieler zu werden.

DREI REGELN FÜR GUTES PASSEN

Der Zweck eines Passes besteht darin, den Ball einem Teamkameraden zu übergeben. Dazu kannst du verschiedene Techniken einsetzen und musst dabei drei Regeln befolgen:

1 Die Beine sollten gebeugt sein, damit du Schubkraft gewinnen kannst und bereit bist, einen Schritt auf den Empfänger zuzumachen. Das verbessert die Geschwindigkeit und Ballkontrolle. Gebeugte Knie helfen dir auch, eine stabile Position zu finden. Der Übergang von einer instabilen Position zu einem Sprung ist spektakulär, aber riskant und sollte daher nur in Ausnahmefällen erfolgen.

2 Du solltest auf die Hände des Empfängers zielen und seine Geschwindigkeit einschätzen, falls er sich bewegt.

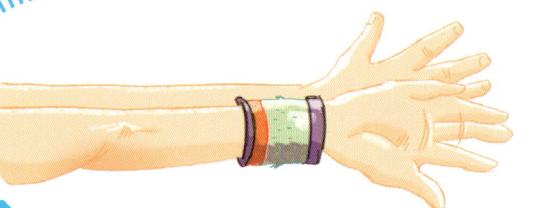

3 Strecke beim Werfen die Arme und drehe die Handgelenke nach außen. Die Fingerspitzen verlassen den Ball zuletzt, sodass du mit ihnen die Richtung und Rotation des Balls bestimmen kannst. Sobald der Ball die Hände verlässt, müssen die Daumen nach unten zeigen.

UND VIER DINGE, DIE DU NICHT TUN SOLLTEST!

Hier sind ein paar Dinge, die du nicht tun solltest:

1 Damit der Pass effektiv ist und nicht leicht abgefangen werden kann, darf er nicht langsam oder vorhersehbar sein.

2 Der Versuch, sich mit dem Ball durch einen Dschungel aus Verteidigern zu kämpfen, lohnt sich nicht. Mache lieber einen einfachen Pass zu einem frei stehenden Teamkameraden.

3 Passe den Ball nicht immer auf dieselbe Art, weil du dann vorhersehbar wirst.

4 Versuche nicht immer, auf den Korb zu werfen, auch wenn sich eine Gelegenheit ergibt: Ein guter Pass ist immer besser als ein mittelmäßiger Korbwurf. Und deine Teamkameraden haben mehr Spaß am Spiel.

DER KORBWURF

Korbwürfe sind zweifellos die reizvollste Basketballgrundlage, weil es befriedigend ist, wenn man den Korb trifft. Zu lernen, den Ball in den alles entscheidenden Ring mit dem Netz zu werfen, ist daher für jeden wichtig. Es ist eine grundlegende Fähigkeit, die man sich nach und nach aneignet. Anfangs spielt es keine Rolle, ob du mit einer Hand oder mit beiden Händen wirfst, solange du den Korb triffst ...

JA

NEIN

FÜNF GRUNDREGELN FÜR DEN KORBWURF

1 Verbessere die Ziel- und Abwurfgenauigkeit.

2 Steuere die Kraft, die du beim Werfen einsetzt.

3 Nimm zu Beginn eine stabile Position ein und stelle die Füße weit auseinander.

4 Wirf so, dass der Ball in einem Bogen fliegt und beinahe von oben in den Korb fällt.

5 Beobachte den Ball beim Korbwurf immer, sodass du ihn fangen und erneut werfen kannst, wenn du nicht getroffen hast.

DIE KÖRPERPOSITION IST WICHTIG

Wenn du die vorherigen Punkte erfüllt hast und daran denkst, dass Korbwürfe die Grundlage sind, die man am schwersten erlernt, weil sie sehr komplex sind, kannst du die richtige Korbwurftechnik üben. Dazu:

▶ stellst du die Füße schulterbreit auseinander, wobei der Fuß auf der Seite der Wurfhand leicht vor dem anderen steht. So erreichst du eine stabile Position.

▶ neigst du den Oberkörper in Richtung Korb und hältst den Ball vor dir.

▶ beugst du die Beine und hebst den Ball über den Kopf, leicht neben und über dem rechten Auge (oder linken Auge, falls du Linkshänder bist).

TECHNIK

Wenn es an der Zeit ist, den Ball loszulassen, musst du auf folgende Details achten:

▶ Eine Hand (die Wurfhand) muss sich unter dem Ball befinden, die andere Hand (die Führhand, die den Ball stützt) ist seitlich am Ball.

▶ Der Unterarm auf der Seite der Wurfhand muss senkrecht sein (häufig neigt man dazu, den Ellbogen nach außen zu bewegen).

▶ Wenn du aus den Beinen drückst, den Arm streckst und gleichzeitig die Hand abklappst, gibst du den Ball schnell frei und kontrollierst ihn mit den Fingern.

JA

NEIN

WIE DU DEN BALL KONTROLLIERST:

▶ Konzentriere dich darauf, wohin du zielst. Du musst leicht über den Rand des Korbs zielen.

▶ Wirf den Ball so, dass er in einem hohen Bogen fliegt und von oben in den Ring fällt (du musst den Ball nach oben und nicht nach vorn werfen).

▶ Der Zeigefinger liegt auf der Mitte des Balls. Klappe das Handgelenk beim Werfen ab, sodass der Zeigefinger zum nächstgelegenen Teil des Korbrands zeigt.

DER FREIWURF

Der Freiwurf erfolgt nach einem Foul und ist einen Punkt wert. Der Werfer steht an der Freiwurflinie 5,80 Meter vom Korb entfernt vor dem Korb und wirft ohne Gegenspieler. Freiwürfe zu üben, ist aus zwei Gründen nützlich: Es zwingt dich, deine Technik zu verbessern, und schreckt Gegenspieler ab, „technische Fouls" zu begehen.

RUHE FINDEN

Du hast einen Freiwurf nicht getroffen: Warum?
Laut großen Champions ist es zu 50 % ein technisches Problem und zu 50 % ein mentales Problem. In der Praxis kommt die Hälfte der Fehler dadurch zustande, dass man beim Werfen innerlich nicht ruhig ist. Hier sind ein paar Tipps:

▶ Entspanne den Körper vor dem Werfen, indem du ein paar Mal tief durchatmest.

▶ Wirf den Ball jedes Mal gleich, sodass der Wurf automatisch wird und du nicht mehr darüber nachdenken musst.

▶ Lasse den Kopf nicht hängen, wenn du ein paar Mal hintereinander nicht triffst. Jeder hat einmal einen schlechten Tag.

▶ Blende die Zuschauer, deine Mannschaftskameraden und deine Gegenspieler aus: Stelle dir vor, du wärst zu Hause und würdest allein trainieren.

▶ Entwickle eine Routine, indem du einige Bewegungen wiederholst, die dir bei der Konzentration helfen: zweimal dribbeln, den Kopf auf den Ball legen …

▶ Denke positiv: Natürlich machst du jetzt einen Punkt!

▶ Keine Sorge: Ein Fehler ist keine Tragödie, sondern ein wichtiger Teil deiner Entwicklung. Wie solltest du wissen, wo du dich verbessern kannst, wenn du nie einen Fehler machen würdest?

BEEF: VIER GRUNDREGELN FÜR DEN FREIWURF

Ein guter Freiwurf erfordert Technik und Konzentration. In den USA wurde das Akronym BEEF erfunden, das aus den Anfangsbuchstaben der folgenden vier Wörter besteht:

▶ **Balance (Gleichgewicht):** Nimm deine Position zum Korb ein, beuge die Beine leicht und spanne sie an.

▶ **Elbow (Ellbogen):** Mache ein „L", indem du den Ellbogen beugst und ihn nah am Körper hältst, als würdest du ein Katapult erzeugen, mit dem du auf die Mitte des Korbs zielst.

▶ **Eyes (Augen):** Behalte den Korb im Auge und konzentriere dich vor allem auf das Brett.

▶ **Follow through (zu Ende führen):** Halte die Hand in der Luft und zeige in Richtung Korb, nachdem du den Ball losgelassen hast.

Du hast gelernt, dass du mit dem Ball in der Hand auf dem Spielfeld keine Schritte machen darfst, oder? Das stimmt aber nicht, zumindest nicht immer: In bestimmten Situationen darfst du es. Eine dieser Situationen ist der „Korbleger". Das ist die Bewegung, die Spieler machen, wenn sie aus dem Lauf auf den Korb werfen, indem sie dunken, den Ball gegen das Brett oder in einem kleinen Bogen in den Korb werfen. In diesem Fall darfst du nach dem letzten Dribbeln zwei Schritte machen.

DER KORBLEGER

FÜNF REGELN FÜR DEN KORBLEGER

1 Beim Korbleger darfst du mit dem Ball in der Hand maximal zwei Schritte machen.

2 Falls du aus Versehen mit dem Ball in der Hand drei statt zwei Schritte machst, hast du einen Schrittfehler (Traveling) begangen. Du darfst nur zwei Schritte machen.

3 Da die Anzahl der Schritte begrenzt ist, solltest du mit der Vorbereitung auf den Korbleger beginnen, wenn du ziemlich nah am Korb bist.

4 Wenn du von rechts auf den Korb zuläufst, dribbelst du gewöhnlich mit der rechten Hand. Den ersten Schritt machst du mit dem rechten Fuß, den zweiten mit dem linken Fuß, und dann wirfst du mit der rechten Hand. Wenn du von links auf den Korb zuläufst, führst du die Bewegungen mit der jeweils anderen Körperseite durch.

5 Wegen Punkt 4 musst du mit beiden Händen dribbeln, passen und werfen können, um den Korbleger gut ausführen zu können.

AUS WELCHEN SCHRITTEN BESTEHT DER KORBLEGER?

Wenn du von links auf den Korb zuläufst, ● ist die erste Bewegung nach dem Dribbeln oder Fangen des Balls ein Bodenkontakt mit dem linken Fuß. ● Die zweite Bewegung ist ein Schritt mit dem rechten Fuß. ● Die dritte Bewegung besteht schließlich darin, mit dem Fuß, mit dem du den zweiten Schritt gemacht hast (in diesem Fall mit dem rechten Fuß), in Richtung Korb zu springen und den Ball in den Korb zu werfen.

> Der Korbleger beginnt mit dem Schritt, den ein Spieler in dem Augenblick macht, in dem er den Ball nach dem Dribbeln aufnimmt oder einen gepassten Ball fängt.

UND NACH DEM SPRUNG?

Der Korbleger ist die Bewegung, die es dir ermöglicht, dich in der Nähe des Korbs von deinen Gegenspielern wegzubewegen. Aber was dann? Du kannst die Bewegung mit einem Dunk abschließen, d. h., den Ball von oben in den Korb stopfen, falls deine sportlichen Fähigkeiten es erlauben. Oder du kannst den Ball in den Korb werfen (mit der rechten Hand, wenn du von rechts kommst, und mit der linken Hand, wenn du von links kommst), vielleicht indem du den Ball gegen das Brett wirfst. Oder du kannst überraschend zu einem frei stehenden Teamkameraden passen, falls ein Gegenspieler dich daran hindert, den Korbwurf abzuschließen.

BLOCKEN UND DUNKEN

Manche spektakulären Techniken sind auch sehr körperlich. Sei vorsichtig, wann und wie du sie einsetzt. Keine Eile – wenn du älter wirst, kannst du irgendwann so dunken oder den Ball oder Gegenspieler blocken wie die Profis!

Hat dein Gegenspieler vor, auf den Korb zu werfen? Was könnte mehr Spaß machen, als den Ball zu blocken, wenn er ihn loslässt? Das erfordert eine Mischung aus körperlicher und technischer Stärke:

▶ Beinahe immer musst du springen. Daher musst du gut trainiert sein und Kraft in den Beinen sowie bewegliche Sprunggelenke haben.

▶ Du musst senkrecht springen: Wenn du dich auf den Gegenspieler zubewegst, könntest du ihn berühren und ein Foul begehen. Daher musst du lernen, deinen Körper zu kontrollieren.

▶ Du benötigst das richtige Timing und musst vorausahnen können, wann und wie der Korbwurf erfolgen wird.

▶ Falls möglich, benutze beide Arme: Dadurch erzeugst du eine „Wand", die sich schwerer überwinden lässt.

▶ Falls du nur einen Arm benutzt, halte ihn gerade und senke ihn nicht in Richtung des Arms deines Gegenspielers. Sonst könnte der Schiedsrichter ein Foul pfeifen.

▶ Du kannst den Ball nur blocken, während er noch „aufsteigt", und nicht, während er herunterfällt. Du darfst ihn auch nicht blocken, wenn er schon das Brett oder den Korb berührt hat. Denke daran, dass du auch nicht das Netz berühren darfst, wenn du verteidigst.

JA

NEIN

GEGENSPIELER BLOCKEN

Der Block wird genutzt, um einen Teamkameraden zu befreien, der von einem Verteidiger gedeckt wird. In der Praxis stellt sich derjenige, der blockt, in den Laufweg des Gegenspielers, damit dieser stehen bleiben oder langsamer werden muss. Natürlich muss man dabei einige Regeln befolgen:

➤ Der Blocker muss stehen, wenn der Gegenspieler ankommt.

➤ Der Blocker darf seine Arme nur benutzen, um sich vor Kontakt zu schützen.

➤ Er darf seine Beine nicht ausstrecken, um den Gegenspieler zum Stolpern zu bringen.

➤ Wichtig: Im Minibasketball macht man keine Blocks. Sei geduldig, die Zeit wird kommen!

DUNKEN

Der Dunk ist die vielleicht spektakulärste Bewegung im Basketball! Aber er ist nicht immer die nützlichste Technik. Manchmal riskierst du, den Ball zu verlieren, wenn du versuchst, zu dunken. Daher:

➤ solltest du üben, immer höher zu springen: Ohne Höhe kannst du den Ball nicht dunken.

➤ solltest du trainieren, den Ball in allen Situationen unter Kontrolle zu halten, vor allem mit einer Hand: Die wenigsten können es sich erlauben, mit beiden Händen zu dunken.

➤ solltest du mit einem niedrigeren Korb und einem kleinen Ball trainieren, um die Bewegungen der Arme und Hände besser zu lernen.

➤ solltest du es nur machen, wenn du dir sicher bist: Opfere nicht einen einfacheren Korb für einen unwahrscheinlichen Dunk!

INDIVIDUELLE VERTEIDIGUNG

Die Verteidigung oder Defense betrifft nicht nur den Zeitpunkt, wenn der Gegenspieler den Ball hat. Das Verteidigungskonzept beginnt schon früher und kann folgendermaßen zusammengefasst werden: Wenn du den Ball hast, darfst du ihn dir nicht wegnehmen lassen, und falls du ihn verlierst, musst du ihn sofort wieder zurückgewinnen. Falls du das nicht schaffst, musst du den Gegenspieler daran hindern, mit einem einfachen Korb abzuschließen.

DIE WICHTIGKEIT DER FÜSSE

Die Füße müssen reaktionsfähig sein, immer Bodenkontakt haben und leicht nach außen zeigen, damit sie sich schnell in jede Richtung bewegen können. Der richtige Abstand ist etwa schulterbreit.

Es ist wichtig, diese Grundlage gut zu lernen, da Spiele häufig von der Verteidigung gewonnen werden und eine gute Defense dem Team mehr Stärke verleiht. Um ein herausragender Verteidiger zu werden, musst du Situationen lesen können, bevor sie eintreten, nicht erst im Nachhinein.

DIE KORREKTE POSITION

Wenn du Gegenspieler mit oder ohne Ball verteidigst, musst du die grundlegende Verteidigungsposition einnehmen: Beine und Rumpf sind gebeugt und bereit, auf den Angriff zu reagieren, die Arme sind oben und bereit, um den Ball zu kämpfen. Diese Position hilft dir auch, einen Schritt zur Seite zu machen und zu „gleiten", um vor dem Angreifer zu bleiben, ohne ein Foul zu begehen.

DEFENSE GEGEN GEGENSPIELER MIT BALL

Dein direkter Gegenspieler hat Ballbesitz: Je nachdem, was er tut (oder vorhat), ändert sich deine Art der Verteidigung. Hier sind die Regeln, wie du deinen ballführenden Gegenspieler verteidigst:

FALLS DER GEGENSPIELER AUFHÖRT, ZU DRIBBELN

Falls der Gegenspieler aufhört, zu dribbeln, muss der Verteidiger den Abstand reduzieren, und – ohne zu stoßen – seine Arme bewegen, um dem Ball zu folgen und einen erfolgreichen Wurf oder Pass zu verhindern.

FALLS DER GEGENSPIELER DRIBBELT

Gegen den Dribbler muss der Verteidiger mit der „Nase" vor dem Ball stehen. Eine Hand befindet sich vor dem Knie des Gegenspielers, die andere hält er so, dass er einen möglichen Pass verhindern kann.

An mir kommt nichts vorbei!

FALLS DER GEGENSPIELER DEN BALL PASST

Wenn der Gegenspieler den Ball passt, muss der Verteidiger sich automatisch in die Richtung des Passes bewegen (oder springen).

FALLS DER GEGENSPIELER WERFEN MÖCHTE

Der Verteidiger muss Folgendes unternehmen, um den Wurf zu verhindern:

➤ wenn der Wurf innerhalb des Perimeters erfolgt: hochspringen und mit einer Hand stören.

➤ wenn der Wurf innerhalb der Zone erfolgt: mit dem Werfer hochspringen und nach dem Herunterkommen die Box-out-Position einnehmen.

➤ wenn der Wurf aus dem Laufen erfolgt: mit dem Werfer hochspringen und wieder die Box-out-Position einnehmen.

WAS IST DER BOX-OUT?

Es bedeutet, den Körper zwischen den Korb und Angreifer zu bringen, um den Angreifer zu stören oder ihn daran zu hindern, den Ball zurückzubekommen.

DEFENSE

GEGEN GEGENSPIELER OHNE BALL

Wenn der direkte Gegenspieler sich ohne Ball bewegt, ist das Verteidigen noch schwieriger. **Wie kommt das?** Weil du eine doppelte Aufgabe hast: Du musst dem Gegenspieler folgen und versuchen, ihn daran zu hindern, den Ball zu bekommen, und gleichzeitig darauf achten, wer den Ball hat, und versuchen, die Spielzüge vorauszuahnen.

DIE RICHTIGE HALTUNG EINNEHMEN

Zu Beginn musst du eine tiefe und stabile Position nah an deinem Gegenspieler einnehmen und bereit sein, zu reagieren. Dann hast du als Verteidiger die Möglichkeit, je nach Entwicklung des Spiels andere Positionen einzunehmen – **ohne den Ball jemals aus den Augen zu verlieren!**

OFFENE DECKUNG

Offene Deckung wird eingesetzt, wenn du zwei oder mehr Pässe vom Ball entfernt bist, d. h., wenn der Ball ziemlich weit entfernt ist (in diesen Fällen sagt man, der Ball sei auf der „Weak Side"). Deine Aufgabe ist es, es dem gegnerischen Team zu erschweren, den Ball zu dem Gegenspieler zu passen, den du deckst. Du musst in einer Position zwischen Korb und Gegenspieler bleiben, von der aus du den Ball und den direkten Gegenspieler sehen kannst.

HALB OFFENE DECKUNG

Eine halb offene Deckung ist nützlich, wenn der Ball in deine Nähe kommt. Du musst an dem Gegenspieler dranbleiben und die Position zwischen Korb und Gegenspieler halten, aber ein Arm muss in der möglichen Passlinie sein.

ENGE DECKUNG

Eine enge Deckung ist nötig, wenn der Ball einen Pass von deinem direkten Gegenspieler entfernt ist (d. h., er ist sehr nah). Du musst deinen Gegenspieler fast schon berühren und bereit sein, ihm zuvorzukommen. Dein Körper muss stärker auf eine mögliche Passlinie ausgerichtet sein.

TAKTIK

ANGRIFF

Wenn man keine Körbe macht, gewinnt man nicht. So viel steht fest. Deshalb muss man einen Weg finden, unter den bestmöglichen Voraussetzungen auf den Korb zu werfen. Es kommt nicht nur auf unsere Fähigkeiten an, sondern auch darauf, wie wir unsere Gegenspieler verteidigen und wie gut wir als Team zusammenspielen.

EINS GEGEN EINS

Da Verteidiger versuchen, Situationen von ZWEI gegen EINS, zu erzeugen, ist es für Angreifer wichtig, darauf hinzuarbeiten, EINS-gegen-EINS-Situationen zu schaffen. Teams, die gut angreifen, sind in der Lage, Werfern die Möglichkeit zu geben, sich dem direkten Gegenspieler mit dem bestmöglichen Vorteil zu stellen:

▶ sich bewegend, nicht stehend;
▶ mit dem Gesicht zum Korb;
▶ mit der starken Hand frei;
▶ mit ein bisschen zusätzlichem Platz;
▶ mit vielen Möglichkeiten zur Auswahl;
▶ mit der Hilfe eines sich in der Nähe befindenden Teamkameraden.

Natürlich können die besten Spieler mit dem Rücken zum Korb, aus dem Stand, ohne Platz, von zwei Spielern gedeckt und ohne Hilfe Punkte erzielen. Aber vergiss nicht, dass Basketball ein Mannschaftssport ist!

ZUSAMMENSPIEL

Passen und sich freilaufen: Das sind die Grundlagen eines guten Angriffsspiels. Selbstverständlich sind mindestens zwei Spieler nötig, damit es gut funktioniert. Das wird als „Zusammenspiel" bezeichnet, und es gibt mindestens drei Hauptarten des Zusammenspiels, die in jedem Spiel häufig eingesetzt werden:

▶ Passen und weiterlaufen: Der ballführende Spieler passt den Ball, läuft sich am Verteidiger vorbei frei und erhält den Ball wieder. Es ähnelt dem Doppelpass beim Fußball.

▶ Passen und blocken: Der ballführende Spieler passt den Ball zu einem Teamkameraden, dann blockt er für einen anderen Teamkameraden, der sich hinter dem Verteidiger freiläuft und den Ball erhält.

▶ Zum Korb ziehen und befreien: Der ballführende Spieler lockt die Verteidiger zum Korb und passt den Ball zu dem Teamkameraden, der von den Verteidigern „befreit" wurde.

SCHNEIDEN

„Schneiden" bedeutet, sich ohne Ball vom Verteidiger wegzubewegen. Sobald du „frei" stehst, bist du bereit, den Ball zu bekommen. Wie machst du das?

▶ Mit einer Finte: Beispielsweise läufst du zum Korb und kommst dann plötzlich zurück.

▶ Mit einer Veränderung der Geschwindigkeit: Du läufst aus dem Stand los oder stoppst plötzlich.

▶ Mit der Hilfe eines Teamkameraden, der einen Block macht, wodurch du dich um ihn herum bewegen kannst.

▶ Indem du ausnutzt, dass ein Gegenspieler gerade unvorbereitet oder abgelenkt ist. Vielleicht nutzt du die Gelegenheit, hinter ihm zu „schneiden".

GEGENANGRIFF

Ein Gegenangriff ist in jedem Fall deutlich effektiver als ein Angriff. Um einen Gegenangriff zu starten, fängst du den Ball, wenn du verteidigst, und passt ihn sofort zu einem Spieler, der schnell den Angriff startet, wodurch ihr eure Gegenspieler überrascht. In den meisten Fällen eröffnet der Spieler, der den Rebound holt (gewöhnlich der Center), den Gegenangriff für einen schnelleren Spieler (meist einen Guard). Der Empfänger kann direkt zum Korb laufen oder auf Hilfe von einem Teamkameraden warten, der ihm von hinten folgt (der sogenannte „Trailer").

BEI ZONENVERTEIDIGUNG ANGREIFEN

Zonenverteidigung erschwert die auf diesen Seiten gezeigten Zusammenspiele und das Freilaufen im Allgemeinen. Wie können wir in diesem Fall angreifen? Im Allgemeinen besteht die beste Möglichkeit darin, die Verteidiger dazu zu zwingen, sich zu bewegen und ihren eigenen Bereich, wenn auch nur kurz, zu verlassen. So gelingt es:

▶ mehr Angreifer in die Zone des Verteidigers bringen;

▶ in den „neutralen" Bereich zwischen zwei Verteidigern dribbeln;

▶ ohne Ball freie Räume zwischen zwei Verteidigern einnehmen;

▶ lange Pässe in die Nähe des Korbs machen, damit die Defense zusammenrückt, und dann den Ball zu einem frei stehenden Werfer an der Drei-Punkte-Linie passen.

MANN-MANN-VERTEIDIGUNG

Viele Trainer sind sich einig, dass die Verteidigung das wesentliche Element von Teamarbeit ist. Statistiken belegen, dass meist die Teams gewinnen, die gut verteidigen, und nicht die, die gut angreifen.

Und die beste Verteidigung ist die Mann-Mann-Verteidigung!

IST ES EIN DUELL?

Mann-Mann-Verteidigung bedeutet, dass jeder Spieler einen bestimmten Gegenspieler decken muss, wenn er nicht in Ballbesitz ist. Decken wird dann zu einem richtigen Duell, das der bessere Spieler gewinnt. Aber da Basketball ein Teamsport ist, lässt du so gut wie nie deinen Teamkameraden allein. Wir müssen unseren Teamkameraden zeigen, dass ihnen immer jemand helfen wird.

ALLE FÜR EINEN

Im Basketball ist der Fehler eines Spielers der Fehler des gesamten Teams. Ganz einfach: Falls wir nur auf unseren „Mann" achten und nicht auf die anderen Spieler, schlägt ein sehr starker Gegenspieler vielleicht immer unseren Mannschaftskameraden und zieht leicht zum Korb. Falls das passiert, wird unser Team verlieren! Wenn wir uns stattdessen gegenseitig helfen, nehmen wir dem Gegenspieler die Sicherheit und entwickeln einen Teamgeist, der jeden Einzelnen von uns stärker macht.

STARKE SEITE, SCHWACHE SEITE

SCHWACHE SEITE

STARKE SEITE

In der Verteidigung wird die Seite des Spielfelds, auf der sich der Ball befindet, als „Strong Side" bezeichnet, und die „Weak Side" ist die Seite, auf der kein Ball ist.
- Eine gute Defense muss nach den folgenden Prinzipien spielen:
- Diejenigen, die sich auf der Strong Side befinden, müssen nah an den Gegenspielern und bereit sein, den Ball zu gewinnen.
- Diejenigen, die sich auf der Weak Side befinden, können weiter von den Gegenspielern entfernt sein, die sie decken, und näher an ihren Teamkameraden bleiben, um ihnen zu helfen. Sie müssen aber trotzdem bereit sein, wieder zu ihren Gegenspielern aufzuschließen, wenn der Ball auf ihre Spielfeldhälfte kommt.

STRONG HAND, WEAK HAND

Der Verteidiger muss versuchen, den Angreifer auf den weniger gefährlichen Teil des Spielfelds zu bringen und ihn dazu zu zwingen, seine „Weak Hand", d. h. seine schwache Hand, einzusetzen, mit der er mehr Fehler macht. Ein guter Verteidiger versucht auch, den Angreifer zur Grundlinie oder Seitenauslinie zu drängen, um ihn dann mit einem Partner zu bedrängen und „einzukesseln".

DIE „REGEL" DER ERSTEN BEIDEN DRIBBEL

Der erste Verteidiger – das ist derjenige, der dem ballführenden Gegenspieler gegenübersteht – muss vor dem Gegenspieler stehen und aufpassen, dass dieser ihn nicht bezwingt. Falls möglich, muss der Verteidiger den Gegenspieler stoppen. Für die ersten beiden Dribbel des Angreifers gilt: Der Verteidiger darf sich nicht überholen lassen! Dadurch wird es auch leichter, die Hilfe eines Teamkameraden zu erhalten. Indem der Verteidiger den Angreifer aufhält oder stoppt, kann er ihn mithilfe eines Mitspielers pressen oder doppeln.

ZONENVERTEIDIGUNG

Zonenverteidigung ist eine Taktik, die nicht viele Teams verfolgen, denn sie galt lange als unsportlich, weil dadurch Mann-gegen-Mann-Duelle vermieden werden. Es gibt aber noch einen anderen Grund: Es ist sehr schwierig, mit Zonenverteidigung erfolgreich zu verteidigen, und sie verlangt eine gute Umsetzung.

Was ist die Philosophie der Zone?

Hinter Manndeckung steckt der Gedanke, dass Verteidiger und Angreifer aufeinandertreffen, und wer besser ist, gewinnt. Die Prinzipien von Hilfe und Austausch machen dieses Konzept allerdings „flexibel".

Zonenverteidigung ist im Gegensatz dazu sehr klar: Du deckst nicht deinen Gegenspieler, sondern verteidigst einen bestimmten Raum. Das macht es schwierig, wenn nicht sogar unmöglich, empfindliche Verteidigungsbereiche abzudecken, in denen der Angreifer besonders gefährlich sein kann.

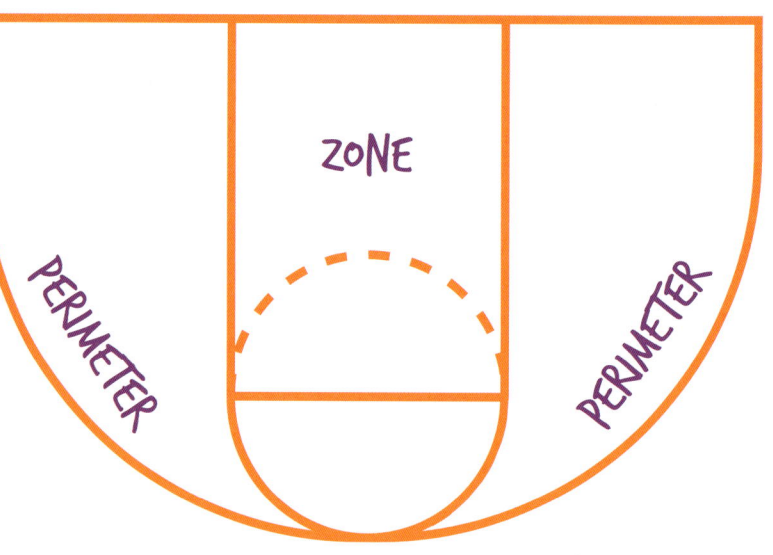

Wie funktioniert sie?

Der Grundgedanke lautet, dass sich in jedem wichtigen Bereich der verteidigten Hälfte des Spielfelds ein Verteidiger befinden muss. Verteidiger müssen sich deshalb je nach Bewegung des Balls bewegen, nicht je nach der Bewegung der Angreifer.

Welche Bereiche müssen abgedeckt werden?

Es gibt zwei wichtige Bereiche, die abgedeckt werden müssen:

▶ der Perimeter oder der halbkreisförmige Teil des Spielfelds zwischen Zone und Drei-Punkte-Linie;

▶ die Drei-Sekunden-Zone: Der Perimeter ist in drei Teile unterteilt: in die Zone in der Mitte, wo man gewöhnlich das Angriffssystem initiiert und wo alle Aktionen beginnen, sowie in den linken und den rechten Flügel. Die Drei-Sekunden-Zone ist ein sehr großes Rechteck sehr nah am Korb. Daher ist es schwierig, sie mit nur einem Spieler zu verteidigen.

WAS SIND DIE VORTEILE?

Zonenverteidigung hat zwei Hauptvorteile:

▶ Sie ermöglicht schwächeren Teams, Teams mit stärkeren Spielern das Leben schwer zu machen.

▶ Sie ist ideal, um den Gegenangriff zu starten, weil unsere Spieler schon in der besten Position zum Verteidigen und Pressen sind!

WIE VIELE ARTEN VON ZONENVERTEIDIGUNG GIBT ES?

Es gibt drei Hauptarten von Zonenverteidigung:

▶ 1-2-2, auch als 3-2 bekannt: Diese Art wird meist im Jugendbereich eingesetzt. Dabei verteidigen drei Spieler den Perimeter und zwei die Zone. Diese Verteidigungsart hat einen großen Makel: Die Mitte der Zone wird nicht abgedeckt. Deshalb sieht man sie auch nicht oft bei fortgeschrittenen Spielern.

▶ 1-3-1: Bei dieser Art befindet sich ein Spieler vor dem ballführenden Gegenspieler. Dann folgt eine Reihe aus zwei Spielern außen und einem in der Mitte und schließlich ein letzter Verteidiger unter dem Korb.

▶ 2-1-2, auch als 2-3 bekannt: Das ist sicherlich die am weitesten verbreitete Art. Dabei stehen zwei Spieler vorn und sind bereit, nach vorn zu laufen, um die ballführenden Guards zu verteidigen. Ein Spieler befindet sich in der Mitte der Zone und zwei befinden sich an den Seiten, wo sie sich um den Low Post und die Ecken kümmern.

ÜBUNGEN ZUM EINSTIEG: DRIBBELN

Diese Übungen zielen darauf ab, „Ballhandling", d. h. den geschickten Umgang mit dem Ball, zu erlernen. Dazu zählt beispielsweise, mit dem Ball zu spielen, ihn aus verschiedenen Höhen auf den Boden zu prellen oder ihn zwischen den Fingern von einer Hand die andere gleiten zu lassen, indem man ihn um den Körper dreht. Im Grunde umfasst es alle Bewegungen, die es unseren Händen ermöglichen, mit dem Ball vertraut zu werden. Dribbeln muss für ein Kind, das Basketball spielt, so natürlich werden wie Gehen. Da Dribbeln ohne Korbwürfe langweilig sein kann, ist es immer ratsam, eine Dribbelübung mit einem Wurf abzuschließen.

BEGINNEN WIR DAMIT, UNS ENTLANG DER LINIEN DES BASKETBALLSPIELFELDS ZU BEWEGEN:

Wir müssen uns mit steigender Geschwindigkeit fortbewegen. Erst gehen wir, dann laufen wir. Dabei müssen wir dribbeln, indem wir den Ball bei der Vorwärtsbewegung prellen, ohne gegen ihn zu treten. Immer wenn wir eine Ecke des Spielfelds erreichen, wechseln wir die Hand. So lernen wir, mit beiden Händen gut zu dribbeln und seitlich zu dribbeln.

LERNE, DEN BALL ZU BESCHÜTZEN

Hierzu gibt es eine hilfreiche Übung, die Spaß macht. Sie wird in Paaren in der Mitte des Mittelkreises durchgeführt: Beide Spieler dribbeln und versuchen, den Gegenspieler oder den Ball des Gegenspielers aus dem Kreis zu bringen. Diese Übung verbessert das Gleichgewicht und die Kontrolle über den Körper und zwingt die Dribbler dazu, ihr Ziel und nicht den Ball anzusehen.

LERNE, DIE GESCHWINDIGKEIT ZU VERÄNDERN

Starte an der Linie unter dem Korb und dribble zur Mitte des Spielfelds und wieder zurück. Erhöhe die Dribbelgeschwindigkeit und sieh den Korb vor dir an. Später kannst du ein Hindernis in der Mitte der Strecke platzieren. Dort stoppst du, ohne das Dribbeln zu unterbrechen, und läufst wieder mit maximaler Geschwindigkeit los.

Diese Übung kann in verschiedenen Varianten durchgeführt werden:

➤ Mache alles mit der rechten Hand.

➤ Mache alles mit der linken Hand.

➤ Benutze auf dem Hinweg die eine Hand und auf dem Rückweg die andere.

➤ Bleibe sowohl auf dem Hinweg als auch auf dem Rückweg nach der Hälfte stehen, wechsle die Hand und laufe mit maximaler Geschwindigkeit weiter.

ÜBUNGEN ZUM EINSTIEG: PASSEN 1

Die folgenden Übungen helfen dir, die Grundtechnik zu lernen, indem du sie mehrfach wiederholst. Um sie richtig auszuführen, darfst du Folgendes nicht vergessen:

DIE VIER SCHRITTE ZUM PERFEKTEN PA

1 Kontrolliere den Ball mit beiden Händen und drehe dich zum Ziel.

2 Mache einen Schritt nach vorn und leite den Pass ein, indem du den Ball zur Brust führst.

3 Setze den gesamten Körper ein, um den Ball nach vorn zu stoßen, und strecke die Arme schnell.

4 Drehe die Handgelenke in dem Moment, in dem du den Ball passt, nach außen und steuere den Ball mit den Fingern.

Stehe einem Partner gegenüber und passe den Ball in der Grundposition (Füße parallel, Knie gebeugt, Oberkörper gerade und Fersen vom Boden angehoben). Passe, indem du die Handgelenke nach außen rotierst, den Ball mit den Fingerspitzen stößt und zum Abschluss die Arme streckst. Setze abwechselnd die verschiedenen Passarten ein:

- **BEIDHÄNDIG:** Brust-, Boden- und Überkopfpass
- **EINHÄNDIG:** Brust-, Boden-, Baseballpass und hinter dem Rücken

Zwei Teamkameraden stehen sich gegenüber und passen den Ball hin und her. Die Pässe müssen an einem Verteidiger vorbeikommen, der zwischen ihnen hin- und herläuft und versucht, den Pass abzufangen. Der Verteidiger muss immer weitermachen und darf nicht aufgeben. Zu Beginn wird festgelegt, wer als Erster in der Mitte steht, dann wechseln sich die Spieler ab. Der Verteidiger wird belohnt: Wenn er den Pass abfängt, geht derjenige in die Mitte, der gepasst hat.

ÜBUNGEN ZUM EINSTIEG: PASSEN 2

🏀 Für diese Übung braucht man mindestens 10 oder 12 Spieler. Die Spieler stellen sich in vier Reihen auf. Diese Reihen müssen auf die Mitte des Spielfelds ausgerichtet sein, und der erste Spieler in jeder Reihe erhält einen Ball. Zu Beginn dribbe die vier Spieler mit Ball nach vorn und stoppen alle einen Schritt vor dem Mittelkreis. Dann passen sie den Ball jeweils zu der Reihe, die der Trainer anzeigt – rechts, links, hinten oder vorne – und stellen sich hinten in der Reihe an, zu der sie den Ball gepasst haben. Das geht immer so weiter. Bei dieser Übung müssen die Spieler nicht nur gut passen, sondern auch erfolgreich anfangen und aufhören, zu dribbeln (ein- oder zweimal).

🏀 Diese Übung erfordert mindestens sechs Spieler. Sie bilden Paare und bewegen sich über das Spielfeld. Dabei passen sie sich den Ball zu und werfen auch mit den anderen Paaren über Kreuz (so lernen sie, darauf zu achten, wohin sie passen, während sie gleichzeitig auch auf ihre Umgebung achten, um nicht zusammenzustoßen).

🏀 Idealerweise führt man diese Übung mit 10 Spielern durch, aber man kann sie auch zu sechst oder acht machen. Die Spieler bilden zwei Teams und stellen sich an der Mittellinie auf. Ein Team beginnt mit dem Angriff, und die Spieler müssen sich ständig bewegen, nach freien Räumen Ausschau halten und den Ball schnell passen. Das andere Team muss verteidigen und versuchen, den Ball zu gewinnen. Wenn das verteidigende Team einen Pass abfängt, geht es in den Angriff über. Das Ziel besteht nicht darin, einen Korb zu machen, sondern eine festgelegte Anzahl von Pässen zu machen, ohne den Ball zu verlieren.

ÜBUNGEN ZUM EINSTIEG: WERFEN 1

Auf den Korb zu werfen, ist vielleicht das, was beim Basketball am meisten Spaß macht. Aber manchmal ist Üben ein bisschen langweilig. Deshalb ist es besser, wenn man ein Spiel daraus machen kann.

🏀 Diese Übung hilft dir dabei, die Wurfmechanismen zu lernen.
▶ Stelle dich in Wurfposition – nicht zu weit vom Korb entfernt – vor den Korb. Deine Füße stehen schulterbreit auseinander und der Fuß auf der Seite der Wurfhand steht leicht vorn.
▶ Beuge die Knie und halte den Ball mit einer Handfläche (vor dem vorderen Fuß).
▶ Lasse den Ball dann fallen, beuge die Knie, fange den Ball, richte dich in einer fließenden Bewegung auf und bringe den Ball dabei in die Wurfposition, ohne die andere Hand zu benutzen. Achte während der Übung auf die Position deiner Füße, Stabilität, den Ellbogen, das Handgelenk und den Schwung aus den Beinen.

Der Ball muss nach oben gebracht und mit den Fingern in die Richtung rotiert werden, die entgegengesetzt zur Flugrichtung ist.

REGEL:
Wechsle die Position innerhalb der Zone, nachdem du einen Korb gemacht hast.

🏀 **Variante der vorherigen Übung: Stelle dich in Wurfposition** – nicht zu weit vom Korb entfernt – vor den Korb. Deine Füße stehen schulterbreit auseinander und der Fuß auf der Seite der Wurfhand steht leicht vorn. Lege den Ball vor deinen Füßen auf den Boden, beuge die Knie und nimm ihn mit den Händen in Wurfposition auf. Sieh dabei immer den Korb an. Strecke dich in einer fließenden Bewegung und wirf auf den Korb, aber ohne zu springen. Achte dabei auf dieselbe Haltung wie bei der vorherigen Übung.

REGEL: Wechsle die Position innerhalb der Zone, nachdem du einen Korb gemacht hast.

🏀 **Dies ist die Fortführung der vorherigen Übung: Stelle dich – weiter vom Korb entfernt – in Wurfposition vor den Korb.** Halte den Ball in einer hohen Position, sodass du bereit zum Wurf bist. Springe dann dreimal hoch und wirf beim letzten Mal. Achte dabei auf dieselbe Haltung wie bei den vorherigen Übungen.

REGEL: Wechsle nach 10 Würfen die Position. Beginne in der Mitte, gehe dann auf die rechte und zum Schluss auf die linke Seite.

ÜBUNGEN ZUM EINSTIEG: WERFEN 2

Sobald wir die Wurfmechanismen gelernt haben, können wir uns darauf konzentrieren, andere Aspekte der Technik zu verbessern.

🏀 Hier ist eine gute Übung, um zu lernen, aus der Distanz zu werfen. Stelle dich an die Drei-Punkte-Linie, wirf den Ball nach vorn, nimm ihn auf, nachdem er einmal aufgeprallt ist, und stoppe (beide Füße bleiben gleichzeitig stehen). Die Füße sollten nebeneinander stehen und zum Korb zeigen. Wirf dann mit der korrekten Technik, wie beschrieben, auf den Korb. Nach einer Weile kannst du den Ball nach rechts oder links werfen, um dich daran zu gewöhnen, die Füße in allen Situationen zum Korb zu drehen.

REGEL: Führe die Übung von allen Punkten entlang des Halbkreises durch und beginne in der Mitte.

🏀 Hier ist eine gute Übung, mit der du am Korbleger arbeiten kannst: Starte in der Guard-Position an der Drei-Punkte-Linie. Wirf den Ball nach vorn, sodass er außerhalb der Zone bleibt. Nimm ihn auf, nachdem er einmal aufgeprallt ist, und stoppe dann. Dribble dann mit der äußeren Hand und mache zum Abschluss einen Korbleger gegen das Brett. Nach einiger Zeit gewöhnst du dich daran, die Geschwindigkeit und Richtung der beiden Schritte vor dem Korbwurf zu variieren.

🏀 Denke daran, das Knie auf der Seite der Wurfhand so hoch wie möglich anzuheben, und nähere dich dem Brett immer von der Seite.

REGEL: Fange den Ball nach jedem Wurf, bevor er auf den Boden trifft. Führe die Übung sowohl auf der rechten als auch auf der linken Seite durch. Wenn du besser wirst, kannst du die folgenden Techniken ausprobieren:

- eine Drehung rücklings im Uhrzeigersinn;
- eine halbe Drehung im Uhrzeigersinn;
- eine halbe Drehung entgegen dem Uhrzeigersinn;
- ein angetäuschter Pass in die Ecke;
- ein angetäuschter Pass in die Mitte.

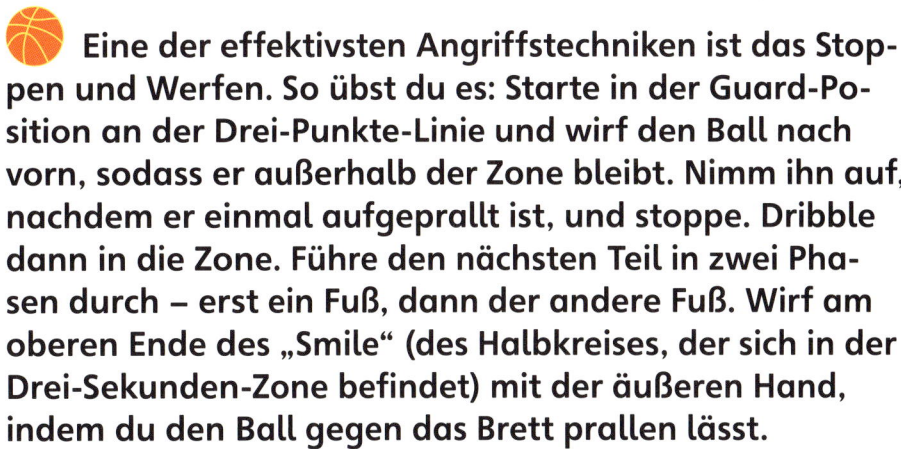

🏀 Eine der effektivsten Angriffstechniken ist das Stoppen und Werfen. So übst du es: Starte in der Guard-Position an der Drei-Punkte-Linie und wirf den Ball nach vorn, sodass er außerhalb der Zone bleibt. Nimm ihn auf, nachdem er einmal aufgeprallt ist, und stoppe. Dribble dann in die Zone. Führe den nächsten Teil in zwei Phasen durch – erst ein Fuß, dann der andere Fuß. Wirf am oberen Ende des „Smile" (des Halbkreises, der sich in der Drei-Sekunden-Zone befindet) mit der äußeren Hand, indem du den Ball gegen das Brett prallen lässt.

REGEL: Die Übung muss sowohl auf der rechten als auch auf der linken Seite durchgeführt werden. Das Stoppen muss mit einem Sprung erfolgen, wobei du stabil landest und die Schultern parallel zur waagerechten Seite des Bretts sind.

ÜBUNGEN ZUM EINSTIEG: VERTEIDIGEN

Es gibt mindestens drei Defense-Aspekte, die du mit einfachen Übungen trainieren kannst: **defensives Gleiten, Box-out und Rebound.** So geht es:

DEFENSIVES GLEITEN: 🏀 **Spiegel:** Zwei Spieler stehen einander ohne Ball gegenüber. Der Verteidiger bewegt seine Füße schnell und der Angreifer läuft rechts oder links neben den Verteidiger. Der Verteidiger muss die Bewegung des Angreifers verhindern, indem er schnell von Seite zu Seite gleitet.

REGEL: Wiederholt die Übung mehrere Male. Tauscht dann die Positionen.

🏀 **Schnelle Füße:** Du stehst vor dem Trainer und bewegst schnell die Füße, bleibst dabei aber auf der Stelle. Gleite auf Anweisung des Trainers in die Richtung, die er anzeigt.

🏀 **Mit Ball:** Zwei Spieler stellen sich in der Guard-Position an der Drei-Punkte-Linie auf. Ein Partner hat den Ball. Der Verteidiger stellt sich so hin, dass er den Angreifer blockt und dieser außen zur Grundlinie dribbeln muss. Die Beine des Verteidigers sind gebeugt und die Füße bewegen sich schnell. Dabei hält der Verteidiger eine Hand auf Höhe des Knies des Angreifers in Richtung der Mitte der Zone, um ihn daran zu hindern, leicht dorthin zu dribbeln. Die Übung beginnt damit, dass der Verteidiger den Ball zum Angreifer passt und dann versucht, ihn direkt zurückzugewinnen. Der Angreifer versucht zunächst nur, den Ball zu behalten, und anschließend, am Verteidiger vorbeizukommen und auf den Korb zu zielen.

Der Box-out kann auf zwei Arten trainiert werden.

Zunächst ▶ passt der Verteidiger in der Zone den Ball zum Trainer, der an der Freiwurflinie steht. ▶ Der Trainer passt ihn zum Angreifer, der außerhalb der Zone steht. ▶ Der Angreifer wirft auf den Korb und macht den Rebound. ▶ In der Zwischenzeit muss der Verteidiger laufen, um zu verteidigen, indem er die Arme vor dem Angreifer hebt. Nach dem Wurf dreht er sich mit ausgebreiteten Armen zum Korb und bleibt in Bewegung, um mit seinem Körper den Rebound des Angreifers zu verhindern.

REGEL: Der Verteidiger geht nur in den Angriff über, wenn er den Rebound holt. Dieselbe Übung kann mit folgender Variation durchgeführt werden: Der Trainer passt den Ball nicht, sondern wirft auf den Korb. In diesem Fall muss der Verteidiger den Angreifer decken, indem er von Beginn an den Box-out aufbaut. Dazu breitet er die Arme aus und benutzt die Beine, hält den Gegenspieler aber nicht fest und begeht kein Foul.

DER DEFENSIVE REBOUND

ist der letzte Schritt der Verteidigung und der erste Schritt des Angriffs. Den Rebound zu üben, bedeutet, zu lernen, wie man sich Platz schafft, um den Ball zu fangen, und sich auch daran zu gewöhnen, den Ball direkt nach dem Fangen zu verteidigen und möglichst die Action sofort wieder zu starten. Stellt euch in drei Reihen auf. Der mittlere Spieler wirft den Ball gegen das Brett und holt ihn sich zurück. Er muss den Ball so hoch wie möglich fangen und mit beiden Armen festhalten, um ihn zu verteidigen. Dann muss er ihn sofort zu einem der beiden Mitspieler auf den Seiten passen. Der Trainer kann eine der beiden Seiten zumachen, was den Rebounder dazu zwingt, über die andere Seite zu gehen. Dann laufen alle zum gegenüberliegenden Korb und wiederholen die Übung.

REGEL: Der Empfänger geht in die Mitte und der Rebounder nimmt seinen Platz ein, sodass alle rotieren. Der Trainer ist zu Beginn passiv, wird dann aber ein Gegenspieler, der schiebt und seine Arme einsetzt, um den Ball zu erobern.

NATIONALMANNSCHAFTEN UND CHAMPIONS,
DIE GESCHICHTE SCHRIEBEN

Basketball verdankt einen Großteil seines Erfolgs außerhalb der USA den Wettbewerben zwischen Nationalmannschaften, die in den 1930er-Jahren entstanden und nach dem Zweiten Weltkrieg wuchsen. Drei dieser Turniere sind besonders wichtig: die Europameisterschaft, die Weltmeisterschaft und die Olympischen Spiele.

EUROPAMEISTERSCHAFT

Ab 1935 (bei den Damen 1938) fand sie alle zwei Jahre statt. Seit 2017 wird sie alle vier Jahre ausgetragen. Die aktuellen Europameister sind Slowenien bei den Herren und Spanien bei den Damen.

Die Europameisterschaft ist der älteste Basketballwettbewerb zwischen Nationalmannschaften (die erste EM wurde 1935 in der Schweiz ausgetragen, wo Lettland gewann). Sie begann ein Jahr früher als das erste olympische Basketballturnier, das 1936 stattfand. In der Vergangenheit nahm auch ein afrikanischer Staat (Ägypten, Sieger von 1949) teil. Heute ist ein asiatischer Staat (Israel) teilnahmeberechtigt. Die erste EM der Damen fand 1938 in Italien statt, und die Azzurri wurden Europameister. Die meisten Goldmedaillen bei Europameisterschaften gewann sowohl bei den Herren als auch bei den Damen das Team der Sowjetunion: Das Herrenteam gewann 14-mal Gold (plus drei Goldmedaillen von Litauen, eine von Russland und eine von Lettland). Es folgen Jugoslawien (acht Goldmedaillen, plus eine von Slowenien), Spanien (drei), Italien und Griechenland (zwei), die Tschechoslowakei, Frankreich, Ungarn, Ägypten und Deutschland (eine). Bei den Damen gewann die Sowjetunion 21-mal (plus drei Goldmedaillen von Russland und je eine von Litauen und der Ukraine). Es folgen Spanien (drei), Frankreich (zwei), Bulgarien, Polen, Italien, Tschechien und Serbien (eine).

Pau Gasol, ein 2,13 Meter großer Center, ist das Symbol der spanischen Mannschaft, die die europäische Szene in den letzten 20 Jahren dominierte.

WELTMEISTERSCHAFT

Seit 1950 (bei den Damen seit 1953) findet sie alle vier Jahre statt. Die aktuellen Weltmeister sind sowohl bei den Herren als auch bei den Damen die USA.

Die Basketballweltmeisterschaft wird vom Weltbasketballverband FIBA veranstaltet und findet alle vier Jahre statt. Die Nationalmannschaften, die die Qualifikationsrunde überstehen, nehmen an der Weltmeisterschaft teil. Die erste WM der Herren wurde 1950 in Argentinien ausgerichtet, und die Heimmannschaft gewann. Die erste WM der Damen fand 1953 in Chile statt, und die USA wurden Weltmeister. Sowohl bei den Herren als auch bei den Damen dominieren die USA, was Goldmedaillen betrifft. Hinter den US-amerikanischen Herren (fünf Siege und insgesamt 12 Medaillen) liegen Jugoslawien (fünf, 10), die Sowjetunion (drei, acht), Brasilien (zwei, sechs) und Argentinien (einer, zwei). Nationen, die aus der Sowjetunion und Jugoslawien entstanden (Kroatien, Serbien, Russland und Litauen) haben insgesamt fünf Medaillen gewonnen, aber nie den ersten Platz belegt. Bei den Damen kommen nach den US-Amerikanerinnen mit 10 Siegen die Sowjetunion (sechs) sowie Austra lien und Brasilien (einer).

Diana Taurasi, die Topscorerin der WNBA, war an den Siegen der USA bei der WM und den Olympischen Spielen maßgeblich beteiligt.

OLYMPISCHE SPIELE

Bei den Herren ist Basketball seit 1936 und bei den Damen seit 1976 olympisch. Die amtierenden Olympiasieger sind sowohl bei den Herren als auch bei den Damen die USA.

Das erste Basketballturnier der Herren wurde 1936 bei den Olympischen Spielen in Berlin ausgetragen und von den USA gewonnen. Aber beim ersten Turnier der Damen 1976 in Montreal ging Gold an die Sowjetunion. Was Medaillen betrifft, liegen die USA sowohl bei den Herren (15 Goldmedaillen, 18 Medaillen insgesamt) als auch bei den Damen (acht Goldmedaillen, 10 insgesamt) vorne. Ihr Hauptgegner war fast immer die Sowjetunion, mit zwei Siegen und neun Medaillen insgesamt für das Herrenteam sowie zwei Siegen – plus ein Sieg als Vereintes Team – und drei Medaillen insgesamt für die Damen. Oben im Medaillenspiegel der Herren erscheinen auch Jugoslawien und Argentinien, die jeweils einen Sieg errungen haben.

DAS DREAM TEAM

Clyde Drexler   Charles Barkley   David Robinson   John Stockton   Karl Malone   Michael Jord

Der US-amerikanische Basketballverband hatte immer gedacht, dass die sogenannten *Amateure* das Land in großen internationalen Wettbewerben vertreten sollten. Erst ab 1989 durften die Profisportler aus der NBA an den Olympischen Spielen teilnehmen. Nachdem das möglich war, entstand zu den Olympischen Spielen in Barcelona 1992 das „Dream Team" (deutsch: „Traumteam"): eine Ansammlung von Superstars, wie man sie nie zuvor gesehen hatte. Man musste nur die Namen der Spieler des US-amerikanischen Teams lesen und spürte schon die Vorfreude im ganzen Körper: zwei legendäre Basketballspielerpaare aus der NBA, die Duos Stockton-Malone aus Utah und Jordan-Pippen aus Chicago; der beste Collegespieler, Laettner; und die Stars der wichtigsten NBA-Teams, nämlich Drexler, Robinson, Barkley, Mullin, Ewing, Bird und Johnson. Die elf Profis waren alle bereits mehrfach in eines der All-Star-Teams berufen worden und hatten alle an der letzten East-West-Challenge teilgenommen. In den folgenden Jahren wurden sie alle als Einzelspieler in die Hall of Fame und auf die Liste der 50 besten NBA-Spieler aufgenommen.

Das Dream Team ist die US-amerikanische Nationalmannschaft, die immer die besten Talente der Welt vereint und mit wenigen Ausnahmen alle Turniere für sich entscheidet. Aber das Dream Team schlechthin, das erste der Geschichte, war die Mannschaft, die 1992 an den Olympischen Spielen in Barcelona teilnahm: ein Staraufgebot, wie man es nie zuvor gesehen hatte!

ris Mullin   Patrick Ewing   Larry Bird   Magic Johnson   Scottie Pippen   Christian Laettner

Angeführt von Chuck Daly, gewann das Team alle Spiele mit großem Vorsprung – durchschnittlich erzielte es beinahe 44 Punkte mehr als die jeweilige gegnerische Mannschaft –, ohne überhaupt ein Time-out nehmen zu müssen. Selbst in der letzten Phase des Turniers stellten die USA ihre Überlegenheit unter Beweis: Im Halbfinale erzielten sie gegen die großartige litauische Mannschaft mit Marčiulionis, Kurtinaitis und Sabonis 51 Punkte mehr, und trotz der Anstrengungen von Dražen Petrović, Rađa und Kukoč schlugen sie Kroatien im Finale mit 32 Punkten Vorsprung und sicherten sich die Goldmedaille. Seitdem wird die Bezeichnung „Dream Team" auch für die anderen Teams verwendet, die die USA bei der Weltmeisterschaft oder den Olympischen Spielen vertreten.
Nach ein paar Misserfolgen (bei den Olympischen Spielen 2004 und den Weltmeisterschaften 2002 und 2006) dominierte die US-amerikanische Mannschaft in den letzten Jahren. In den letzten 10 Jahren hält das US-Team unter Duke Universitys Trainer Mike Krzyzewski einen historischen Rekord: Seit dem Finale um den dritten Platz bei der Weltmeisterschaft 2006 gewann es 53 Spiele, wurde zweimal Weltmeister (2010 und 2014) und dreimal Olympiasieger (2008, 2012 und 2016).

DIE HERAUSRAGENDEN NATIONALMANNSCHAFTEN
AUS OSTEUROPA

Basketball hat in den osteuropäischen Ländern festen Fuß gefasst: In der kommunistischen Ideologie galt er dank der Werte Ehrlichkeit und Fairness als ideale Sportart, durch die junge Menschen sich weiterentwickeln konnten. Die Sowjetunion (UdSSR) und Jugoslawien stellten herausragende Nationalmannschaften.

DIE UDSSR UND IHR VERMÄCHTNIS

Die Nationalmannschaft der UdSSR vertrat ihr Land von 1935 bis 1991. In dieser Zeit gewann das Herrenteam zwei olympische Turniere, drei Weltmeisterschaften und 14 Europameisterschaften, während sich das Damenteam zwei Goldmedaillen und eine Bronzemedaille bei Olympischen Spielen, sechs Gold- und zwei Silbermedaillen bei Weltmeisterschaften und 21 Gold- und zwei Silbermedaillen bei Europameisterschaften sicherte. Jeder erinnert sich an die Goldmedaille, die die Herren mitten im Kalten Krieg bei den Olympischen Spielen 1972 in einem spannenden Finale gegen die USA gewannen. Zu den wichtigsten Spielern des Teams zählte der Point Guard Sergei Below, ein Spieler mit außergewöhnlichem Talent.

RUSSLAND

Zusammen mit Litauen ist Russland der Nachfolger der ehemaligen UdSSR. Das Herrenteam gewann eine Bronzemedaille bei den Olympischen Spielen, zwei Silbermedaillen bei Weltmeisterschaften sowie eine Gold-, eine Silber- und zwei Bronzemedaillen bei Europameisterschaften. Die Damenmannschaft schnitt sogar noch besser ab – drei Bronzemedaillen bei Olympischen Spielen, drei zweite Plätze bei Weltmeisterschaften sowie drei erste, drei zweite und zwei dritte Plätze bei Europameisterschaften..

LITAUEN

Die litauische Nationalmannschaft hat eine lange und ruhmreiche Geschichte. Bereits in den 1930er-Jahren, als Litauen noch unabhängig war, entschied sie Turniere für sich. Das Herrenteam gewann beispielsweise 1937 und 1939 die EM. Nach der Auflösung der UdSSR gewann es drei Bronzemedaillen bei Olympischen Spielen, eine Bronzemedaille bei Weltmeisterschaften und eine Gold-, drei Silber- und eine Bronzemedaille bei Europameisterschaften. Das Damenteam gewann eine Silbermedaille bei der EM 1938 und eine Goldmedaille bei der EM 1997. Der unumstrittene Star der litauischen Basketballbewegung ist Arvydas Sabonis, einer der besten Center aller Zeiten.

Mit einer Größe von 1,90 Meter gewann der fantastische Shooting Guard Sergei Below zwischen 1967 und 1980 alles mit dem UdSSR-Team.

Dražen Petrović, ein 1,96 Meter großer Point Guard, war einer der besten europäischen Basketballer aller Zeiten und einer der ersten Europäer, der den Durchbruch in der NBA schaffte.

Der 2,21 Meter große Arvydas Sabonis, der ehemals für die UdSSR spielte, repräsentierte Litauen von 1991 bis 2001 und gilt als der beste europäische Center aller Zeiten.

JUGOSLAWIEN UND SEIN VERMÄCHTNIS

Die jugoslawischen Basketballnationalmannschaften zählten viele Jahre auf Weltebene zu den wichtigsten Teams. Sowohl die Herren als auch die Damen lagen stets auf Platz drei hinter den Giganten USA und UdSSR. Während die Damennationalmannschaft sich mit einer Silber- und einer Bronzemedaille bei Olympischen Spielen, einer Silbermedaille bei Weltmeisterschaften sowie vier Silber- und zwei Bronzemedaillen bei Europameisterschaften „zufriedengeben" musste, gewann das Herrenteam sehr viel: einmal Gold, viermal Silber und einmal Bronze bei Olympischen Spielen, fünf Gold-, drei Silber- und zwei Bronzemedaillen bei Weltmeisterschaften und acht Gold-, fünf Silber- und vier Bronzemedaillen bei Europameisterschaften. Aus der jugoslawischen Schule gingen viele Champions hervor, wie Kićanović, Dalipagić, Delibašić, D. Petrović, Kukoč, Obradović, Divac, Rađa, Bodiroga und Danilović. Fast alle von ihnen spielten in der NBA.

SERBIEN

Von 1992 bis 2006 übernahm die Nationalmannschaft von Serbien und Montenegro das sportliche Erbe von Jugoslawien. Seit 2006 gibt es getrennte Nationalmannschaften. Das serbische Männerteam gewann vier Silbermedaillen bei den drei wichtigsten Turnieren, die Damenmannschaft gewann 2015 Gold bei der EM und 2016 Bronze bei den Olympischen Spielen. Zu den berühmtesten Spielern der jungen serbischen Geschichte gehören Teodosić und Bogdanović, die beide in der NBA spielen. Bei den Frauen spielten Petrović und Dabović in der WNBA.

KROATIEN

Das kroatische Team entstand 1992 nach der Auflösung von Jugoslawien. Die Herrennationalmannschaft verschaffte sich von Beginn an ein hohes Ansehen und gewann Silber bei den Olympischen Spielen in Barcelona und eine WM-Bronzemedaille. In derselben Zeit, zwischen 1993 und 1995, erreichten die Kroaten auch zwei dritte Plätze bei Europameisterschaften. Die Damenauswahl hatte nicht ganz so viel Glück, ging bei den Mittelmeerspielen aber zweimal als Siegerin hervor. Eine unumstrittene Größe im kroatischen Basketballteam war Dražen Petrović, der 1993 bei einem Autounfall ums Leben kam.

SLOWENIEN

Die slowenische Nationalmannschaft wurde 1992 gebildet. Lange fiel es der Herrenmannschaft schwer, gute Ergebnisse zu erzielen. Trotz der Talente, die ihr zur Verfügung standen, wie Luka Dončić, der in der NBA spielt, stand sie erst bei der EM 2017 im Rampenlicht, als sie Gold gewann. Das Damenteam hat bislang noch nicht die gewünschten Ergebnisse erzielt, auch wenn es aus guten Spielerinnen besteht.

DIE HERAUSRAGENDEN NATIONALMANNSCHAFTEN

AUS WESTEUROPA

Zu Beginn des 20. Jahrhunderts kam Basketball in Europa an und war in den Ländern sofort erfolgreich, die auch heute noch über die besten Schulen verfügen, darunter Italien, Frankreich, Griechenland, Spanien, die Türkei und Deutschland. Auch Israel muss man hier hinzufügen, da es aus historischen und politischen Gründen zum europäischen Verband zählt.

SPANIEN

Seit etwa 20 Jahren dominieren die spanischen Nationalmannschaften in Europa, d. h., seitdem die Vorherrschaft der osteuropäischen Nationen nachließ. Das Herrenteam gewann 13 seiner 19 Medaillen (darunter einmal WM-Gold und dreimal EM-Gold) und das Damenteam 12 von insgesamt 13 Medaillen (darunter dreimal EM-Gold) nach 1997. Zu Spaniens Mannschaften zählen einige Stars: die Brüder Pau und Marc Gasol, Juan Carlos Navarro, Ricard „Ricky" Rubio, Sergio Llull und Serge Ibaka bei den Herren; Amaya Valdemoro, Sancho Lyttle, Marta Xargay, Alba Torrens, Silvia Domínguez und Anna Cruz bei den Damen.

Tony Parker, ein 1,88 Meter großer Point Guard, ist der wahrscheinlich berühmteste französische Spieler. In der NBA spielte er für San Antonio.

ITALIEN

Basketball ist in Italien sehr beliebt, und italienische Mannschaften haben in Europa viel gewonnen. Die Herrennationalmannschaft gewann die EM zweimal, 1983 und 1999, und erzielte zwei Silbermedaillen bei den Olympischen Spielen, 1980 und 2004. Unter europäischen Auswahlen belegt Italien mit 10 Medaillen bei Europameisterschaften den zweiten Platz hinter Spanien mit 12 Medaillen. Spieler wie Dino Meneghin, Pierluigi Marzorati, Carlton Myers und Gregor Fučka schrieben italienische Basketballgeschichte. Auch die Damenauswahl erreichte schon herausragende Ergebnisse: einen Sieg bei der EM 1938, eine Silbermedaille 1995 (mit Susanna Bonfiglio und Catarina Pollini) sowie eine Bronzemedaille 1974 (angeführt von Lidia Gorlin und Mabel Bocchi).

Der 2,06 Meter große Dino Meneghin gilt als der beste italienische Spieler aller Zeiten und wurde in die Hall of Fame aufgenommen, die die besten Spieler ehrt.

FRANKREICH

Die französische Herrennationalmannschaft ist eines der stärksten, aber auch unbeständigsten Teams: Sie gewann Medaillen bei den Olympischen Spielen (Silber 1948 und 2000), bei der WM (Bronze 2014) und bei der EM (eine Gold-, zwei Silber- und sechs Bronzemedaillen). Zwischen 1960 und 2000 war sie jedoch fast 40 Jahre von der internationalen Bildfläche verschwunden. Die neue Generation von Spielern (Parker, Batum, de Colo, Diaw, Gobert) ist vielversprechend. Die französische Damenauswahl erreichte ebenfalls herausragende Ergebnisse: Silber bei den Olympischen Spielen 2012, Bronze bei der WM 1953 und zweimal Gold, sechsmal Silber und einmal Bronze bei der EM. Zu den besten französischen Spielerinnen zählen Sandrine Gruda und Isabelle Yacoubou.

GRIECHENLAND

Die griechische Herrennationalmannschaft geht aus einer der spielstärksten europäischen Ligen hervor. Bei der EM gewann sie 1987 und 2005 Gold, 1989 Silber sowie 1949 und 2009 Bronze. Der größte Erfolg war jedoch die Silbermedaille bei der WM 2006, bei der sich das Team im Halbfinale sensationell gegen die favorisierten USA durchsetzte. Viele griechische Spieler erlangten in der NBA Ruhm, darunter Nikos Galis, Vasilis Spanoulis, Nikos Zisis und Giannis Antetokounmpo.

ISRAEL

Seit 1939 gehört die israelische Nationalmannschaft zur FIBA, nahm aber erst 1953 an der Europameisterschaft teil. Die besten Ergebnisse ihrer Geschichte waren eine Silbermedaille bei der EM 1979 sowie zwei fünfte Plätze 1953 und 1977. Die meisten israelischen Spieler stammen aus der amerikanischen Schule: Zu den aktuell besten Trägern des blau-weißen Trikots zählen Omri Casspi, der erste Israeli, der in der NBA spielte, und Lior Eliyahu.

Nikos Galis, ein 1,83 Meter großer Guard, war viele Jahre lang der beste griechische Spieler und wurde 2013 in die Hall of Fame aufgenommen.

TÜRKEI

In den späten 1990er-Jahren erreichte Basketball in der Türkei erste Erfolge, als Efes Pilsen den Korać-Cup gewann. Seitdem wuchs die türkische Bewegung und dadurch auch die Herrennationalmannschaft, die bei der WM 2010 und der EM 2001 jeweils Silber gewann. Viele türkische Spieler wurden in der NBA berühmt, darunter Hidayet „Hedo" Türkoğlu, Cedi Osman und Furkan Korkmaz. 2011 und 2013 erreichte auch die Damenauswahl mit EM-Silber und EM-Bronze gute Ergebnisse. An der EM 2013 war auch die türkischstämmige US-Basketballerin Quanitra Hollingsworth aus der WNBA beteiligt.

DEUTSCHLAND

Basketball war schon immer beliebt in Deutschland, doch die Ergebnisse der Nationalmannschaft waren bis 1993 nicht sonderlich gut: Nach der Wiedervereinigung gewann das deutsche Herrenteam dank der Generation des NBA-Profis Christian Welp seinen ersten EM-Titel. Beinahe 10 Jahre später gewann es Bronze bei der WM 2002 und Silber bei der EM 2005. In beiden Teams war Dirk Nowitzki, der als der beste deutsche Spieler aller Zeiten gilt. Die 90er-Jahre waren auch für die Damen positiv. 1997 gewannen sie bei der EM Bronze, angeführt von der WNBA-Spielerin Marlies Askamp.

Die anderen herausragenden AMERIKANISCHEN TEAMS

Während Kanada den Vorteil hat, dass seine Profimannschaften in der NBA spielen können, entwickelten sich in Mittel- und Südamerika eigene Basketballschulen, vor allem in zwei Ländern: Argentinien und Brasilien.

ARGENTINIEN

Abgesehen von den 30 Jahren zwischen 1950 und 1980 war das argentinische Herrenteam immer erfolgreich: Es gewann einmal Gold (2004) und einmal Bronze bei Olympischen Spielen, einmal WM-Gold, zwei Gold-, sechs Silber- und fünf Bronzemedaillen bei Amerikameisterschaften und 13 Gold-, 12 Silber- und 13 Bronzemedaillen bei Südamerikameisterschaften. Große Stars trugen das argentinische Trikot: Luis Alberto Scola, Andrés Nocioni, Carlos Delfino und Manu Ginóbili. Das Damenteam schlug sich ebenfalls gut: Es gewann zwei Gold-, 16 Silber- und sechs Bronzemedaillen bei Südamerikameisterschaften sowie drei Silber- und zwei Bronzemedaillen bei Amerikameisterschaften.

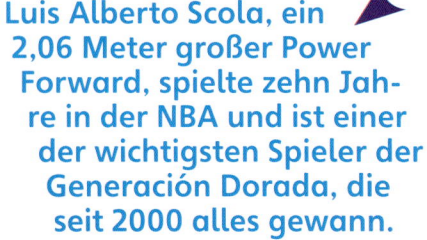

Luis Alberto Scola, ein 2,06 Meter großer Power Forward, spielte zehn Jahre in der NBA und ist einer der wichtigsten Spieler der Generación Dorada, die seit 2000 alles gewann.

Der 2,05 Meter große Shooting Guard Oscar Schmidt gilt als der stärkste brasilianische Basketballer aller Zeiten.

BRASILIEN

Neben Argentinien ist das brasilianische Team in Südamerika führend. Doch während Argentinien in den letzten 20 Jahren dominierte, errang Brasilien seine Siege über 50 Jahre hinweg: zwei Gold-, zwei Silber- und zwei Bronzemedaillen bei WMs, drei Bronzemedaillen bei Olympischen Spielen, vier Gold-, zwei Silber- und vier Bronzemedaillen bei Amerikameisterschaften und 18 Gold-, 13 Silber- und neun Bronzemedaillen bei Südamerikameisterschaften. Der bekannteste brasilianische Spieler ist Oscar Schmidt, der seit 2013 in der Hall of Fame ist. Das Damenteam hat ebenfalls ein hohes Niveau. Es gewann eine Silber- und eine Bronzemedaille bei Olympischen Spielen, eine Gold- und eine Bronzemedaille bei WMs, fünf Gold-, vier Silber- und zwei Bronzemedaillen bei Amerikameisterschaften und 26 Gold-, sechs Silber- und zwei Bronzemedaillen Südamerikameisterschaften.

KANADA, MEXIKO UND PUERTO RICO

Kanada, Mexiko und Puerto Rico hatten immer gute Nationalmannschaften. Das kanadische Herrenteam gewann eine Silbermedaille bei den Olympischen Spielen 1936 und sechs Medaillen bei Amerikameisterschaften. Puerto Rico gewann 10 Medaillen bei Amerikameisterschaften, und Mexiko gewann Bronze bei den Olympischen Spielen 1936 sowie zwei Medaillen bei Amerikameisterschaften. Unter den Damenteams war vor allem Kanada erfolgreich: Das Team gewann zweimal WM-Bronze und 11 Medaillen bei Amerikameisterschaften.

DIE HERAUSRAGENDEN
NATIONALMANNSCHAFTEN AUS ASIEN UND OZEANIEN

Asien und Ozeanien verfügen über gute Nationalmannschaften, die in internationalen Wettbewerben für Überraschungen sorgen können. Vor allem Australien und China sind in der Lage, NBA-Spieler hervorzubringen.

CHINA, JAPAN, IRAN UND SÜDKOREA

China, Japan, Iran und Südkorea nehmen gewöhnlich an den Olympischen Spielen und Weltmeisterschaften teil, aber ohne nennenswerte Ergebnisse. In Asien dominieren sie jedoch die kontinentalen Meisterschaften: Bei den Herren stehen 16 Siege für China, drei für Iran und je zwei für Japan und Südkorea zu Buche, während Südkorea bei den Damen 12, China 11 und Japan vier Siege erringen konnte. Die Beliebtheit von Basketball sorgte insbesondere in China dafür, dass Spieler wie Yao Ming, Yi Jianlian, Sun Yue und Zhou Qi es in die NBA schafften.

AUSTRALIEN UND NEUSEELAND

Trotz des Talents vieler australischer Spieler (20 spielten in der NBA, darunter Matthew Dellavedova, Andrew Bogut und Patty Mills) und der 19 Goldmedaillen bei 21 Ozeanienmeisterschaften war das beste australische Ergebnis bei Olympischen Spielen ein vierter Platz. Die Damen schnitten deutlich besser ab: Sie erreichten drei Silber- und zwei Bronzemedaillen bei Olympischen Spielen, eine Gold-, eine Silber- und drei Bronzemedaillen bei Weltmeisterschaften sowie 15 Siege bei Ozeanienmeisterschaften. Die Resultate der Neuseeländer sind weniger beeindruckend. Sowohl die Herren als auch die Damen stehen meist unter ihren australischen „Cousins und Cousinen". Dennoch schafften es drei neuseeländische Spieler in die NBA: Steve Adams, Sean Marks und Kirk Penney.

Patty Mills, 1,83 Meter groß, ist durch den Sieg bei der NBA-Meisterschaft 2014 mit San Antonio der erfolgreichste australische Spieler.

KLUBS UND CHAMPIONS,
DIE GESCHICHTE SCHRIEBEN

Während die Nationalmannschaften halfen, Basketball auf der Welt zu verbreiten, ermöglichten die Vereine die Entstehung von Schulen und verwandelten Basketball in ein Geschäft, was für die Entwicklung von Profisport notwendig ist. Die wichtigsten Turniere finden in Europa und Nordamerika statt.

Sergio Llull, 1,90 Meter groß, ist ein Guard bei Real Madrid, einem der besten Klubs in der EuroLeague. In der Saison 2016-2017 wurde er zum wertvollsten Spieler (MVP) gewählt.

NATIONALE MEISTERSCHAFTEN

Die wichtigsten nationalen Turniere Europas finden traditionell in Spanien, Frankreich, Italien, Griechenland, der Türkei, Deutschland und Russland statt.

Die nationalen Meisterschaften spiegeln die Gesundheit des Basketballsports in der Region wider. Aus technischer und wirtschaftlicher Sicht sind die spanische und türkische Meisterschaft derzeit am besten. Traditionell haben auch die französische, italienische, griechische und russische Meisterschaft ein hohes Niveau. Die Herrenteams, die gewinnen oder die vorderen Plätze belegen, erhalten die Chance, an internationalen Cups teilzunehmen.

EUROLEAGUE, CHAMPIONS LEAGUE, UND EUROPE CUP

Die drei wichtigsten internationalen europäischen Turniere werden von zwei verschiedenen Verbänden organisiert: die Champions League und der Europe Cup von der FIBA (dem Weltbasketballverband) und die EuroLeague von der ECA unter Schirmherrschaft der FIBA.

Die EuroLeague bringt die 16 stärksten europäischen Teams zusammen. Dieses Turnier setzt die Tradition des ehemaligen Europapokals der Landesmeister fort, der 1958 begann. Zu den erfolgreichsten Teams in diesem Wettbewerb zählen Real Madrid mit 10 Siegen bei 18 Finalteilnahmen; Varese Basketball mit zehn Finalteilnahmen in Folge und fünf Siegen zwischen 1970 und 1979; ZSKA Moskau mit sieben Titeln; Panathinaikos Athen und Maccabi Tel Aviv mit je sechs; Olimpia Milano, ASK Riga, Jugoplastika Split und Olympiakos Piräus mit je drei; KK Cibona, FC Barcelona, Virtus Bologna und Pallacanestro Cantù mit je zwei; sowie Virtus Roma, Partizan Belgrad, BC Žalgiris, Limoges, Fenerbahçe Ülker, Dinamo Tiflis, Joventut Badalona und Bosna mit je einem.

NBA UND WNBA

Auf dem höchsten Niveau wird Basketball sowohl bei den Herren als auch bei den Damen in den USA gespielt, in der NBA und WNBA.

Die National Basketball Association, kurz NBA, ist die wichtigste Profiliga der USA. Die besten Basketballer der Welt spielen fast alle hier. Die Liga wurde am 6. Juni 1946 in New York gegründet und erhielt 1949 ihren derzeitigen Namen. Die 30 NBA-Teams sind in zwei Conferences und sechs Divisions unterteilt und werden als „Franchises" bezeichnet. Sie können bankrott werden oder die Stadt wechseln: Wenn ein Team umzieht, behält es im Allgemeinen die Symbole, Farben, den Namen und alle Titel.
• Die NBA-Meisterschaft ist in zwei Teile unterteilt: in die „reguläre Saison", in der die Teams mehrfach gegeneinander spielen und in der die Rangfolge bestimmt wird, und in die Play-offs, die im K.-o.-System in bis zu sieben Spielen ausgetragen werden. Die erfolgreichsten Franchises sind die Boston Celtics mit 17 Siegen und die Los Angeles Lakers mit 16. Das Damenturnier wird von der WNBA organisiert und ist auf dieselbe Weise strukturiert. 1997 wurde es zum ersten Mal ausgetragen und besteht aus 12 Teams: Die erfolgreichsten sind die Houston Comets (Auflösung 2008) und Minnesota Lynx mit vier Siegen; Detroit Shock, Los Angeles Sparks und Phoenix Mercury mit je drei; Seattle Storm mit zwei; und die Sacramento Monarchs (Auflösung 2009) und Indiana Fever mit je einem.

Kevin Durant, ein 2,06 Meter großer Small Forward, ist einer der besten Spieler in der NBA und der beste Scorer beim stärksten Franchise der letzten Jahre: den Golden State Warriors.

DIE GROSSEN KLUBS
AUS WESTEUROPA

Auch wenn die NBA-Klubs aus wirtschaftlicher Sicht von einem anderen Planeten zu stammen scheinen, haben europäische Nationen eine großartige Basketballtradition und bringen oft fantastische Talente hervor.

● REAL MADRID

Die Teamfarbe ist Weiß.
Real Madrid Baloncesto ist die Basketballabteilung des gleichnamigen Vereins. Die 1931 gegründete Mannschaft ist die erfolgreichste in Spanien, wo sie **34-mal Meister wurde**, und in Europa, wo sie die **EuroLeague zehnmal** und den EuroCup einmal gewann.
● Sie spielt im Palacio de Deportes de la Comunidad de Madrid, der 15.000 Zuschauer fasst. Zu den wichtigsten Spielern, die schon für Madrid aufliefen, zählen Rudy Fernández, Sergio Llull und Luka Dončić.

● FC BARCELONA

Die Teamfarben sind Rot, Gelb und Blau.
Der Futbol Club Barcelona Bàsquet gehört zum Multisportverein Futbol Club Barcelona. Das Team wurde 1926 gegründet, ist damit **das älteste Team in der Liga ACB** und gewann nach Madrid die zweitmeisten Titel. Zu den wichtigsten Erfolgen zählen die Siege in der EuroLeague 2003 und 2010 (2003 gewann Barcelona das Tripel, d. h. auch die Liga und die Copa del Rey).
● Die Mannschaft spielt im Palau Blaugrana, der 8.500 Zuschauer fasst. Zu den wichtigsten Spielern, die schon für Barcelona aufliefen, zählen Ante Tomić und Juan Carlos Navarro.

● JOVENTUT BADALONA

Die Teamfarben sind Grün und Schwarz.
Der Club Joventut de Badalona wurde 1930 gegründet und ist eines der angesehensten Teams in Europa. Er gewann einmal die **EuroLeague, zweimal den Korać-Cup, einmal den EuroCup und einmal die FIBA EuroChallenge**. ● Der Verein spielt im Pavelló Olímpic, der über 12.500 Plätze verfügt. Zu den wichtigsten Spielern, die schon für Badalona aufliefen, zählen Sergi Vidal, Saulius Kulvietis und Tomasz Gielo.

● MACCABI TEL AVIV

Die Teamfarben sind Gelb und Blau.
Maccabi Tel Aviv B.C. ist das Basketballteam des gleichnamigen israelischen Sportvereins und eines der berühmtesten und angesehensten „europäischen" Teams. Mit **sechs Siegen in der EuroLeague (davon einem in der Supro-League) und einem Sieg beim Intercontinental Cup** ist es zusammen mit Panathinaikos Athen nach Real Madrid und ZSKA Moskau der dritterfolgreichste europäische Club der Geschichte.
● Das Team spielt in der Menora Mivtachim Arena, die 11.000 Zuschauer fasst.

● OLIMPIA MILANO

Die Teamfarben sind Rot und Weiß.

Olimpia Milano wurde 1936 gegründet, ist italienischer Rekordmeister und eines der erfolgreichsten Teams in Europa. Das Team gewann **die italienische Meisterschaft 28 -mal, den italienischen Pokal sechsmal und den Supercup dreimal**. Auf internationalem Niveau gewann es **je dreimal den Europapokal der Landesmeister und den Europapokal der Pokalsieger, zweimal den Korać-Cup und einmal den Intercontinental Cup**. Es ist das einzige italienische Team, das jeden offiziellen Wettbewerb mindestens einmal für sich entschied. Seit einigen Jahren trägt es den Namen des berühmten Designers Armani.

● Es spielt im Mediolanum Forum, das über 12.331 Plätze verfügt. Viele Champions trugen die berühmten „roten Schuhe": D'Antoni, Meneghin, Ferracini, Gallinari, Carr, McAdoo, Fučka und Bodiroga.

● PALLACANESTRO CANTÙ

Die Teamfarben sind Blau und Weiß.

Pallacanestro Cantù wurde 1936 gegründet und zählt zu den erfolgreichsten Mannschaften Europas, obwohl sie aus einer kleinen Stadt stammt. Der Club gewann **zweimal den Europapokal der Landesmeister, viermal den Europapokal der Pokalsieger, viermal den Korać-Cup und zweimal den Intercontinental Cup**. Damit ist die Mannschaft nach Real Madrid die zweiterfolgreichste in Europa und wird deshalb auch als „Königin Europas" bezeichnet.

● Sie spielt im Palasport Pianella in Cucciago mit 3.900 Plätzen. Die großen Begegnungen und EuroLeague-Spiele finden jedoch im PalaDesio (6.500 Plätze) statt. Zu den großen Champions, die für Cantù spielten, zählen Marzorati und Riva.

● PALLACANESTRO VARESE

Die Teamfarben sind Rot und Weiß.

Pallacanestro Varese wurde 1945 gegründet. Der Club ist **zehnfacher italienischer Meister, siegte fünfmal beim Europapokal der Landesmeister, zweimal beim Europapokal der Pokalsieger und dreimal beim Intercontinental Cup**. Damit zählt er zweifellos zu den angesehensten Vereinen in Italien und Europa. Das dominierende Team der 1970er, die „Grande Ignis", ist für seine vielen Siege berühmt. Ignis-Champions wie Meneghin, Morse, Ossola, Sacchetti und Flaborea trugen das damals gelb-blaue Teamtrikot.

● Der Klub spielt in der Enerxenia Arena, die über 5.100 Plätze verfügt.

● VIRTUS BOLOGNA

Die Teamfarben sind Schwarz und Weiß.

Nach Olimpia Milano ist der 1929 gegründete Basketballverein Virtus Bologna der erfolgreichste in Italien. Er gewann **15-mal die italienische Meisterschaft (das erste Mal 1946), achtmal den italienischen Pokal** sowie **zweimal die EuroLeague**.

● Das Team spielt im PalaDozza mit 5.500 Plätzen. Zu den Champions, die das schwarze Trikot trugen, zählen Bonamico, Caglieris, Villalta, Ćosić, Danilović, Sconochini und Ginóbili.

● LIMOGES

Die Teamfarben sind Grün und Weiß.

Limoges Cercle Saint-Pierre – oder Limoges CSP – wurde 1929 gegründet. 2004 wurde der Verein zahlungsunfähig und musste in der niedrigeren Liga neu beginnen. Er ist jedoch der einzige französische Club, der den Europapokal der Landesmeister gewann.

● Heimspiele spielt er im Palais des Sports de Beaublanc, der 5.500 Zuschauer fasst.

DIE GROSSEN KLUBS
AUS OSTEUROPA

Die Bedeutung des Basketballsports in Osteuropa führte dazu, dass dort sehr starke Vereine auftauchten, vor allem hinter dem einstigen „Eisernen Vorhang". Auch in Griechenland und der Türkei sorgte die Beliebtheit von Basketball dafür, dass sich einige Klubs entwickelten, die europäische Basketballgeschichte schrieben.

ZSKA MOSKAU

Die Teamfarben sind Blau und Rot.
Der PBK ZSKA gehört zum Sportverein ZSKA in Moskau. Zur Zeit der Sowjetunion, in den 1960er- und 1970er-Jahren, war er sehr stark und gewann **viermal den Europapokal der Landesmeister**, darunter 1969 und 1971 unter der Leitung von Alexander Gomelski. Zu der Zeit war auch der talentierte Sergei Below in der Mannschaft, der im Finale dreimal zum MVP gewählt wurde. ZSKA gewann dreimal die EuroLeague und qualifizierte sich zwischen 2012 und 2018 immer für die Final Four.
- Der Klub spielt in der ZSKA-Universal-Sporthalle, die über 5.500 Plätze verfügt.

ŽALGIRIS KAUNAS

Die Teamfarben sind Grün und Weiß.
BC Žalgiris oder Žalgiris Kaunas ist die Mannschaft aus dem litauischen Kaunas. Sie wurde am 13. Oktober 1944 gegründet und ist eines der historischen europäischen Teams. **Fünfmal gewann der Club die sowjetische Meisterschaft**, und nach der Unabhängigkeit entschied er die litauische Meisterschaft 19-mal für sich. 1999 erzielte er seinen einzigen Sieg beim **Europapokal der Landesmeister**.
- Das Team spielt in der Žalgirio Arena, die über 15.000 Plätze verfügt.

K.K. SPLIT

Die Teamfarben sind Gelb und Schwarz.
K.K. Split (Košarkaški Klub Split) repräsentiert die kroatische Stadt Split im Basketball. Zwischen 1988 und 1991 gewann der Verein unter dem Namen Jugoplastika Split **dreimal in Folge den Europapokal der Landesmeister**, was zuvor – 30 Jahre früher – nur ASK Riga geschafft hatte. Das hatte Split Spielern wie Dino Rađa, Toni Kukoč, Velimir Perasović, Duško Ivanović und Zoran Savić zu verdanken. 1976 und 1977 gewann das Team außerdem den Korać-Cup.
- Der Verein spielt im Športski Centar Gripe, das über 6.000 Plätze verfügt.

● PARTIZAN BELGRAD

Die Teamfarben sind Schwarz und Weiß.
Der Košarkaški Klub Partizan stammt aus der serbischen Hauptstadt Belgrad. Er wurde 1945 gegründet und blickt auf zwei goldene Ären zurück: auf die 1970er-Jahre, als er mit den Talenten Dalipagić und Kićanović **zweimal in Folge den Korać-Cup** gewann, und auf die Jahre der Auflösung Jugoslawiens, als eine Generation großartiger junger Spieler – darunter Đorđević, Divac und Danilović – das Team zum Sieg beim Europapokal der Landesmeister 1992 führte.
● Der Verein spielt in der Aleksandar-Nikolić-Halle, die über 8.100 Plätze verfügt.

● CIBONA ZAGREB

Die Teamfarben sind Blau und Weiß.
Der Košarkaški Klub Cibona stammt aus der kroatischen Stadt Zagreb und nahm regelmäßig an der EuroLeague teil. Nach dem Korać-Cup 1972 begann das goldene Zeitalter von Cibona, das mit dem Aufstieg von Dražen Petrović zusammenfällt, einem herausragenden kroatischen Spieler und einem der wichtigsten Basketballer der europäischen Geschichte. Zwischen 1981 und 1987 gewann Cibona **zweimal den Europapokal der Pokalsieger und zweimal in Folge den Europapokal der Landesmeister**.
● Das Team spielt in der Dražen-Petrović-Basketballhalle, die 5.400 Zuschauer fasst.

● FENERBAHÇE

Die Teamfarben sind Schwarz, Gelb und Blau.
Der Fenerbahçe Spor Kulübü ist zusammen mit Anadolu Efes das erfolgreichste Team der Türkei und das erste (und bisher einzige) türkische Team, das die EuroLeague gewann. Der Verein wurde 1913 gegründet, ist damit einer der ältesten in Europa und gewann **neun nationale Titel**. Zu den einstigen großen Namen des Vereins zählen Mirsad Türkcan und Ömer Onan.
● Der Club spielt in der Ülker Sports Arena, die über 13.000 Plätze verfügt.

● OLYMPIAKOS PIRÄUS

Die Teamfarben sind Rot und Weiß.
Olympiakos S. F. P. wurde 1931 in Piräus, einer griechischen Gemeinde in Attika in der Nähe von Athen, gegründet. Mit **12 nationalen Titeln, neun Siegen beim griechischen Pokal und drei Siegen in der EuroLeague** gehört der Verein zu den führenden griechischen Basketballklubs. Nachdem er Real Madrid 2013 im Finale mit 100-88 schlug, ist er der erste griechische Verein, der zweimal in Folge die EuroLeague gewann. Zu dem Siegerteam zählten Vasilios Spanoulis, Konstantinos Sloukas und Georgios Printezis.
● Die Mannschaft spielt im Stadion des Friedens und der Freundschaft, das 14.900 Zuschauer fasst.

● PANATHINAIKOS ATHEN

Die Teamfarben sind Grün und Weiß.
Panathinaikos B. C. wurde 1922 gegründet und ist einer der besten Klubs in Europa. Er ist **36-facher griechischer Meister, gewann 19-mal den griechischen Pokal, insgesamt sechsmal den Europapokal der Landesmeister und die EuroLeague und einmal den Intercontinental Cup**. Viele großartige Spieler trugen das weiß-grüne Trikot, darunter Dominique Wilkins, Dino Rađa, Dejan Bodiroga, Nikos Galis, Žarko Paspalj, Antonio Davis und Željko Rebrača.
● Der Klub spielt in der OAKA Arena in Athen, die über 19.200 Plätze verfügt.

LAKERS

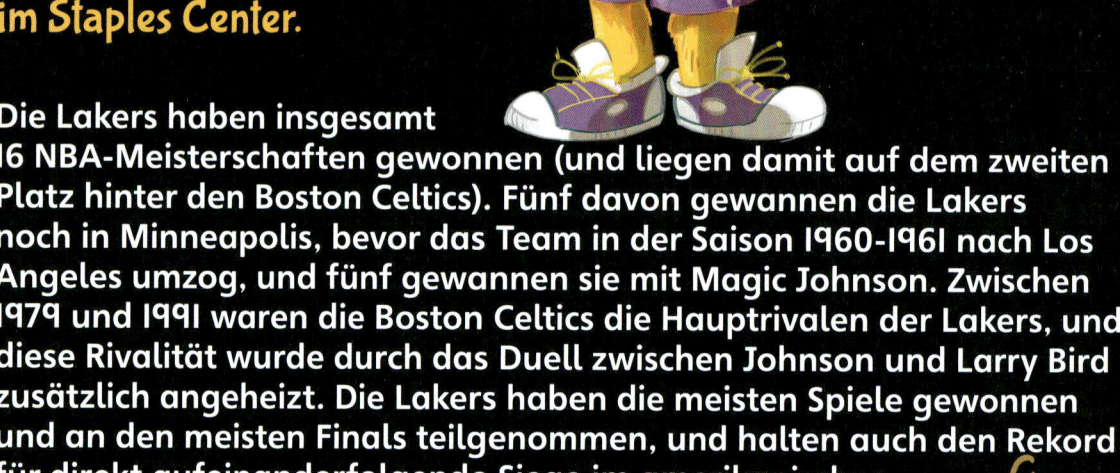

➤ Die Lakers sind eines von zwei Teams aus Los Angeles.
➤ Sie haben 16 NBA-Titel gewonnen.
➤ Die Teamfarben sind Gold und Violett.
➤ Sie haben die meisten Siege erzielt und an den meisten Finals teilgenommen.
➤ Sie spielen im Staples Center.

Die Lakers haben insgesamt 16 NBA-Meisterschaften gewonnen (und liegen damit auf dem zweiten Platz hinter den Boston Celtics). Fünf davon gewannen die Lakers noch in Minneapolis, bevor das Team in der Saison 1960-1961 nach Los Angeles umzog, und fünf gewannen sie mit Magic Johnson. Zwischen 1979 und 1991 waren die Boston Celtics die Hauptrivalen der Lakers, und diese Rivalität wurde durch das Duell zwischen Johnson und Larry Bird zusätzlich angeheizt. Die Lakers haben die meisten Spiele gewonnen und an den meisten Finals teilgenommen, und halten auch den Rekord für direkt aufeinanderfolgende Siege im amerikanischen Profisport. Von den Mitgliedern der Hall of Fame trugen 14 das Lakers-Trikot, und vier Lakers-Spieler (Kareem Abdul-Jabbar, Magic Johnson, Shaquille O'Neal und Kobe Bryant) gewannen den Preis für den wertvollsten Spieler des Jahres (MVP).

KAREEM ABDUL-JABBAR UND DIE LAKERS 1975–1989

● Abdul-Jabbar hält den Rekord für in der NBA erzielte Punkte.

● Der 2,18 Meter große Center Kareem Abdul-Jabbar (geboren am 16. April 1947 in New York als Ferdinand Lewis Alcindor) ist mit 38.387 Punkten der nach Punkten erfolgreichste Spieler in der Geschichte der NBA und gilt als der beste Center. In Milwaukee gewann er 1971 seine erste Meisterschaft, in Los Angeles folgten fünf weitere Titel.

● Im Laufe seiner Karriere wurde er sechsmal zum besten Spieler des Jahres gewählt. Abdul-Jabbar war für einen bestimmten Wurf berühmt, den „Skyhook" (einen Hakenwurf), den man kaum verteidigen konnte.

KAREEM ABDUL-JABBAR

MAGIC JOHNSON UND DIE LAKERS 1979-1991

● Magic gilt als der revolutionärste Spieler in der Basketballgeschichte. Der 2,06 Meter große Point Guard/Power Forward Earvin „Magic" Johnson (geboren am 14. August 1959 in Lansing) ist einer der großartigsten Spieler der Basketballgeschichte. ● Er gewann fünf NBA-Titel mit den Los Angeles Lakers, Gold bei den Olympischen Spielen 1992 mit dem US-amerikanischen Dream Team und 1979 den NCAA-Titel mit Michigan State. ● Außerdem wurde er je dreimal mit dem NBA-MVP-Award und dem Preis für den wertvollsten Spieler in den NBA-Finals ausgezeichnet. Sein Name taucht in der Hall of Fame und auf der Liste der 50 besten Spieler der NBA-Geschichte auf. Am 16. Februar 1992 wurde seine Trikotnummer 32 offiziell von den Lakers zurückgezogen. Johnson revolutionierte Basketball, da er als Point Guard spielte – eine Rolle, die traditionell für den kleinsten, agilsten Spieler eines Teams reserviert ist. Mit seinen 2,06 Metern war er einer der groß gewachsenen Point Guards der Basketballgeschichte. Er war jedoch sehr dynamisch und besaß eine gute Spielübersicht.

SHAQ O'NEAL, KOBE BRYANT UND DIE LAKERS 1996-2013

DAS LEGENDÄRSTE GUARD-CENTER-PAAR DER NBA-GESCHICHTE

● Kobe Bryant (geboren am 23. August 1978 in Philadelphia), 1,98 Meter groß, gilt als einer der besten Shooting Guards in der NBA-Geschichte, spielte aber auch als Point Guard und Small Forward. Zunächst spielte er in Italien Basketball, wo er die europäischen Grundlagen lernte. Während seiner gesamten NBA-Karriere war er bei den Lakers. Mit der US-Nationalmannschaft gewann er bei den Olympischen Spielen in Peking 2008 und London 2012 Gold. ● Mit durchschnittlich 25 Punkten pro Spiel ist er der drittbeste Scorer in der NBA-Geschichte. Er gewann fünf NBA-Titel mit den Lakers. Im gold-violetten Trikot bildeten er und Shaq O'Neal ein legendäres Paar. ● Shaquille O'Neal (geboren am 6. März 1972 in Newark) gewann vier NBA-Titel, drei mit den Los Angeles Lakers und einen 2006 mit den Miami Heat. Mit der US-Nationalmannschaft gewann er 1996 olympisches Gold in Atlanta, und er ist der achtbeste NBA-Scorer aller Zeiten. Mit einer Größe von 2,16 Metern und einem Gewicht von 147 Kilogramm war er während seiner gesamten Karriere der dominanteste Center der NBA.

CELTICS

- Die Celtics sind in Boston beheimatet.
- Sie haben 17 NBA-Titel gewonnen.
- Ihre Teamfarben sind Weiß und Grün.
- Zwischen 1959 und 1966 gewannen sie acht Titel in Folge.
- Sie spielen im TD Garden.
- Ihr Maskottchen ist ein Kobold, ein Charakter aus der irischen Mythologie.

Die Boston Celtics wurden 1946 gegründet. Sie, die New York Knicks und die Golden State Warriors sind die einzigen Franchises, die an allen Saisons der NBA teilnahmen. Mit dem legendären Bill Russell dominierten sie eine lange und wichtige Zeitspanne der NBA-Geschichte, 1956 bis 1969. Auch zwischen 1972 und 1976 gehörten die Celtics, angeführt von Dave Cowens und John Havlicek, zu den Teams, die man erst einmal schlagen musste. Die 1980er-Jahre waren die Zeit von Larry Bird und dem endlosen Duell mit Magic Johnson und den LA Lakers. Seitdem haben die Celtics Höhen und Tiefen erlebt. 2008 siegten sie erneut: Teil des damaligen Teams waren die „Big Three" (Paul Pierce, Kevin Garnett und Ray Allen).

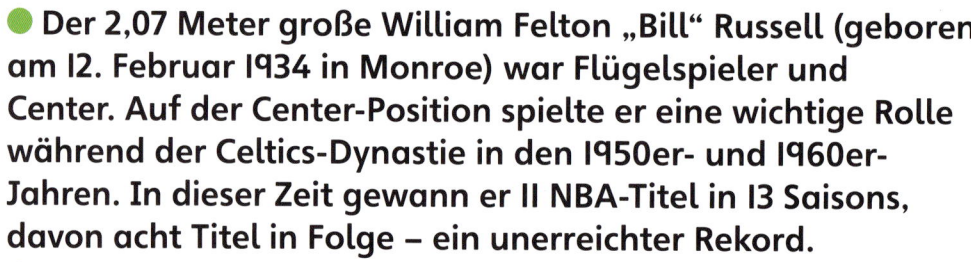

LARRY BIRD

BILL RUSSELL UND DIE CELTICS 1956–1969

- Russell ist der Spieler, der die meisten NBA-Titel gewann.

BILL RUSSELL

- Der 2,07 Meter große William Felton „Bill" Russell (geboren am 12. Februar 1934 in Monroe) war Flügelspieler und Center. Auf der Center-Position spielte er eine wichtige Rolle während der Celtics-Dynastie in den 1950er- und 1960er-Jahren. In dieser Zeit gewann er 11 NBA-Titel in 13 Saisons, davon acht Titel in Folge – ein unerreichter Rekord.
- Russell gilt als der beste defensive Center aller Zeiten und hält noch immer den Rekord für die meisten Titelgewinne in einer nordamerikanischen Liga.

LARRY BIRD UND DIE CELTICS 1979-1992

● Bird gilt als ein Basketballer, der „alles" mitbrachte.

PAUL PIERCE
RAY ALLEN
KEVIN GARNETT

Mit einer Größe von 2,06 Metern spielte Larry Bird (geboren am 7. Dezember 1956 in West Baden Springs) als Small und Power Forward. Er gilt als einer der stärksten Basketballer aller Zeiten und einer der besten Schützen in der Geschichte der NBA. Seine gesamte Karriere verbrachte er bei den Boston Celtics, mit denen er drei Titel gewann. Zusammen mit seinem Rivalen und Freund Magic Johnson prägte er den NBA-Basketball der 1980er-Jahre und erhielt den Spitznamen „Legend".

● Er war ein herausragender Schütze, sowohl bei Dreiern als auch bei Freiwürfen, und gewann dreimal den Drei-Punkte-Wettbewerb im Rahmen des NBA All-Star Games. Er war nicht nur ein geschickter Rebounder mit durchschnittlich 10 Rebounds pro Spiel, sondern auch ein exzellenter Passer, der über 20 Jahre einen Durchschnitt von 6,4 Assists pro Spiel hielt. Außerdem war er auch ein starker Verteidiger, weshalb er dreimal ins „NBA All-Defensive Second Team" gewählt wurde, und er beendete seine Karriere unter den Top Ten in Bezug auf Steals.

DIE BIG THREE UND DIE CELTICS 2007-2013

● Nach 22 Jahren brachten Pierce, Garnett und Allen Boston wieder den Titel ein.

Der 2,01 Meter große Small Forward Paul Anthony Pierce (geboren am 13. Oktober 1977 in Oakland) gilt als einer der besten Basketballer seiner Generation und einer der stärksten in der Geschichte der Celtics. In den 18 Saisons, die er in der NBA spielte, erzielte er durchschnittlich 20 Punkte pro Spiel. Zusammen mit Larry Bird und John Havlicek ist er einer von drei Spielern, die im Celtics-Trikot mehr als 20.000 Punkte erzielten.

● Der 2,11 Meter große Kevin Maurice Garnett (geboren am 19. Mai 1976 in Greenville) spielte als Power Forward und Center, aber auch als Small Forward. Mit den Boston Celtics gewann er einen NBA-Titel in der Saison 2007-2008 und mit der US-Nationalmannschaft olympisches Gold in Sydney. Er war ein herausragender Verteidiger und exzellenter Schütze (mehr als 20.000 Punkte in seiner Karriere). Zudem ist er berühmt dafür, dass er Gegenspieler gut einschüchtern konnte.

● Der 1,96 Meter große Shooting Guard Walter Ray Allen (geboren am 20. Juli 1975 in Merced) gilt als einer der besten Schützen aller Zeiten. Bis Stephen Curry ihn übertrumpfte, wurde er häufig sogar als der Beste aller Zeiten bezeichnet. Allen gewann zwei NBA-Meisterschaften (je eine mit den Boston Celtics und den Miami Heat) und verwandelte die meisten Drei-Punkte-Würfe in der Geschichte der Liga (2.973).

BULLS

- Die Bulls sind in Chicago beheimatet.
- Sie haben sechs NBA-Titel gewonnen.
- Ihre Teamfarben sind Rot und Schwarz.
- Sie haben zwei Three-Peats erreicht (d. h., sie haben zweimal drei Meisterschaften in Folge für sich entschieden).
- Sie spielen im United Center.

Nicht nur ein perfektes Team, sondern zwei: die Bulls der frühen und die der späten 1990er-Jahre, die durch Michael Jordan und Scottie Pippen miteinander verbunden sind. Während Jordan nicht nur durchschnittlich 30 Punkte erzielen, sondern auch wie kein Zweiter verteidigen konnte, war Pippen der ideale Unterstützer: leise, zuverlässig, brillant.

Die Chicago Bulls waren das dritte Team, das in der NBA entstand, und beherrschten den amerikanischen Basketball in der Zeit, als die NBA sich weltweit verbreitete, die Spiele auf der ganzen Welt ausgestrahlt und die ersten Europäer in die NBA rekrutiert wurden. Das Schicksal wollte es so, dass die Bulls in dieser Wachstumsphase am stärksten waren: sechs Titel in acht Jahren, zwei Three-Peats, angeführt von zwei der berühmtesten Trainer der Geschichte. Nach dem Karriereende von Michael Jordan waren die Bulls jedoch weniger erfolgreich. Im Laufe der Jahre kämpfte das Team sich aber dank Spielern wie Derrick Rose, Pau Gasol, Rajon Rondo und Dwyane Wade wieder auf ein hohes Niveau zurück.

MICHAEL JORDAN

MICHAEL JORDAN, SCOTTIE PIPPEN UND DIE BULLS 1991–1998

➤ Michael Jordan gilt als der beste Spieler aller Zeiten.
➤ 1,98 Meter groß, Shooting Guard
➤ Er hält den höchsten NBA-Punktedurchschnitt: 30,2 Punkte pro Spiel.

Jordan (geboren am 17. Februar 1963 in New York) führte die University of North Carolina 1982 zum Sieg in der NCAA-Meisterschaft. 1984 verpflichteten ihn die Chicago Bulls, und er wurde schnell ein NBA-Star. Von Beginn seiner Profikarriere an erhielt er dank seiner athletischen, akrobatischen Eigenschaften die Spitznamen „Air Jordan" und „His Airness".

● Jordan war sechsmal NBA-Champion und erzielte mit den Bulls zwei Three-Peats, was sonst nur seinem Teamkameraden Scottie Pippen gelang. Seine Fähigkeiten auf dem Spielfeld machten ihn zu einer Ikone des Sports, sodass Nike ihm 1985 sogar eine Basketballschuhlinie, „Air Jordan", widmete, um den Verkauf seiner Produkte anzukurbeln.

Pippen und Michael Jordan bildeten ein herausragendes Schütze-Verteidiger-Duo.

● Der 2,03 Meter große Small Forward Scottie Maurice Pippen (geboren am 25. September 1965 im US-amerikanischen Hamburg) war Michael Jordans Teamkamerad, als die Chicago Bulls die NBA in den 1990er-Jahren dominierten. Er wurde in die Hall of Fame aufgenommen und gilt als einer der besten Verteidiger in der Geschichte der NBA, vielleicht sogar als der Beste im Perimeter. Er und Jordan bildeten ein Duo, das den Bulls sechs NBA-Titel in acht Saisons bescherte. Damals stellten die Bulls auch den Rekord von 72 Siegen bei 82 Spielen (72-10) in der regulären Saison auf, den die Golden State Warriors 2016 übertrafen.

SCOTTIE PIPPEN

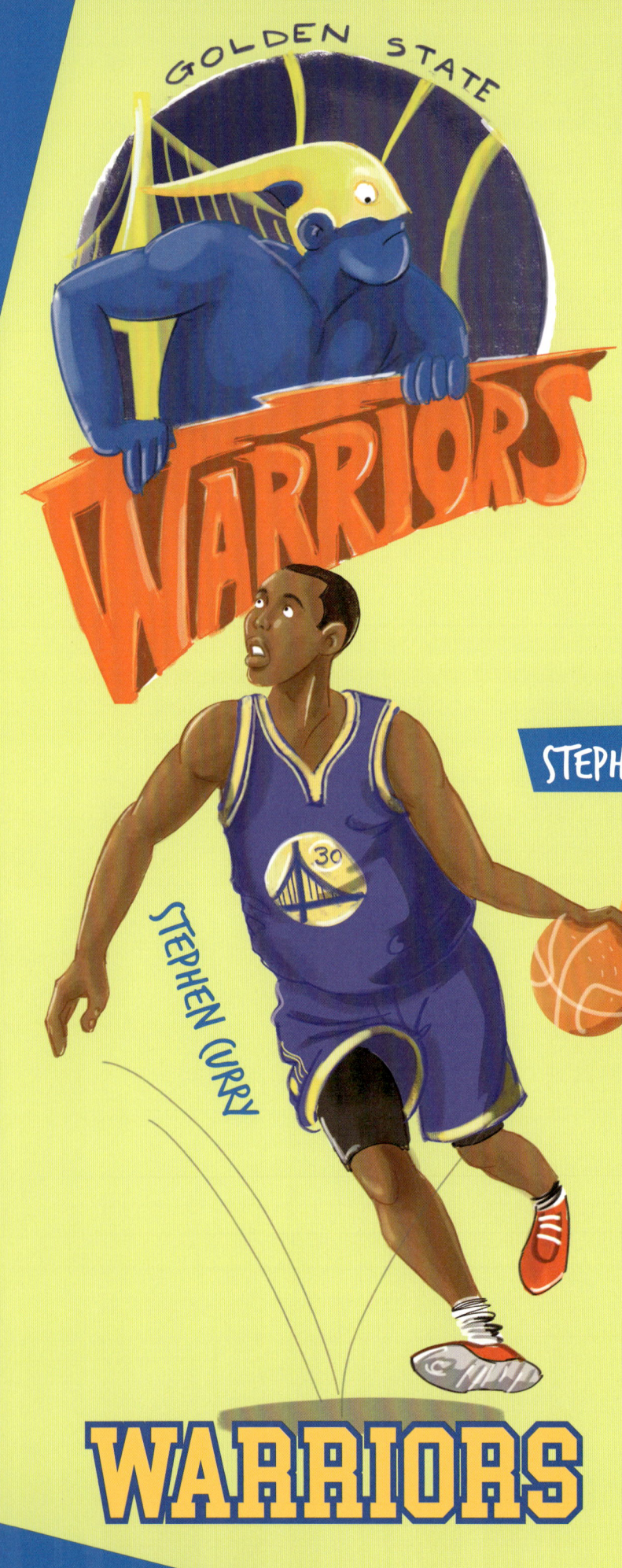

- Die Warriors sind in Oakland beheimatet.
- Sie haben sechs NBA-Titel gewonnen.
- Die Teamfarben sind Gelb und Blau.
- Sie spielen in der Oracle Arena.

Die Golden State Warriors gewannen die NBA-Meisterschaft sechsmal und sind zusammen mit den Boston Celtics und New York Knicks das einzige Franchise, das seit der Gründung der NBA 1946 jede Saison in der NBA spielte. Mit den Sacramento Kings verbindet sie eine besondere Rivalität. Interessanterweise gewannen die Warriors ihre ersten beiden Titel, als sie in Philadelphia beheimatet waren. Dann erreichten sie zweimal das Finale für San Francisco, unterlagen jedoch und gewannen erst wieder 1975 als Golden State Warriors.

Stephen Curry und die heutigen Warriors

- Stephen Curry ist vielleicht der beste Dreierschütze aller Zeiten.
- 1,91 Meter groß, Point Guard
- Er hält die Rekorde für die meisten Dreier in einer Saison und in einem einzigen Spiel.

Stephen Curry (geboren am 14. März 1988 in Akron) gilt als einer der besten Basketballer der Gegenwart. 2014-2015 und 2015-2016 wurde er zum wertvollsten Spieler gewählt, und viele halten ihn für den besten Schützen der NBA-Geschichte. Dreimal gewann er die NBA (2015, 2017 und 2018) und schlug dabei jedes Mal die Cleveland Cavaliers. Mit den Golden State Warriors hält er den Rekord für die meisten Siege in der regulären Saison (73) und übertraf dadurch den Rekord von Michael Jordan von den Chicago Bulls (72). Außerdem hält er den Rekord für die meisten Dreier in einer Saison (402 in der Saison 2015-2016) und in einem Spiel (13, am 7. November 2016).

- Die Cavaliers sind in Cleveland beheimatet.
- Sie haben einen NBA-Titel gewonnen.
- Die Teamfarben sind Weinrot und Gold.
- Sie spielen in der Quicken Loans Arena.

Die Cavaliers sind in Cleveland, Ohio, beheimatet. 2007 erreichten sie erstmals die NBA-Finals, verloren aber 4:0 gegen die San Antonio Spurs. Auch 2015 und 2017 kamen sie in die Finals und verloren beide Male gegen die Warriors. 2016 gewannen sie ihren einzigen NBA-Titel. Damals schlugen sie die Golden State Warriors nach einem engen Turnier, das sie durch einen überraschenden Auswärtssieg für sich entschieden.

CAVALIERS

LEBRON JAMES UND DIE CAVALIERS (2003–2010 UND 2014–2018)

- LeBron James vereint außergewöhnliche körperliche Kraft mit herausragender Technik.
- 2,03 Meter groß, Small Forward

LeBron James (geboren am 30. Dezember 1984 in Akron) gilt als einer der besten Basketballer aller Zeiten. In der Draft 2003 wurde er von den Cleveland Cavaliers an Position eins ausgewählt. 2004 wurde er zum NBA Rookie (d. h. Neuling) des Jahres ernannt. Außerdem wurde er viermal zum wertvollsten Spieler der NBA gewählt (2009, 2010, 2012 und 2013), gewann drei NBA-Titel (2012 und 2013 mit den Miami Heat, 2016 mit den Cleveland Cavaliers) und wurde alle drei Male auch zum wertvollsten Spieler der NBA-Finals ernannt. Mit der US-Nationalmannschaft nahm er an drei Olympischen Spielen teil, wobei er 2004 in Athen Bronze sowie 2008 in Peking und 2012 in London Gold gewann. 2018 beendete er seinen Vertrag bei den Cavaliers und unterschrieb bei den LA Lakers.

LEBRON JAMES

SPURS

➤ Die Spurs sind in San Antonio beheimatet.
➤ Sie haben fünf NBA-Titel gewonnen.
➤ Die Teamfarben sind Weiß und Schwarz.
➤ Sie spielen im AT&T Center.

Die San Antonio Spurs zählen zu den bekanntesten und mit fünf NBA-Meisterschaften auch zu den erfolgreichsten Teams. Als Tim Duncan 1997 ins Team kam und mit David Robinson die Twin Towers bildete, begann eine fast 20 Jahre andauernde Erfolgsgeschichte, die sich bis 2014 fortsetzte. Zu den großartigen Spielern, die Duncan auf dieser langen Reise begleiteten, zählen der Argentinier Manu Ginóbili, der Franzose Tony Parker und in der jüngeren Vergangenheit der Franzose Boris Diaw, der Italiener Marco Belinelli und der US-Amerikaner Kawhi Leonard. Seit 1996 werden sie vom Guru Gregg Popovich angeleitet.

DUNCAN, GINÓBILI UND DIE SAN ANTONIO SPURS 1997–2014

- Manu Ginóbili war ein geborener Anführer und instinktiver, explosiver Angreifer.
- 1,98 Meter groß, Shooting Guard

Emanuel „Manu" Ginóbili (geboren am 28. Juli 1977 in Bahía Blanca) war ein Shooting Guard, Small Forward und Point Guard. Als herausragender Verteidiger und Passer konnte er eine geschlossene Defense überwinden, auch wenn es „unmöglich" erschien. Sein Trainer Gregg Popovich sagte über ihn: „Im Wettkampf ist er wahrscheinlich der ehrgeizigste Mensch, den ich kenne."

- Tim Duncan gilt als der beste Power Forward aller Zeiten.
- 2,11 Meter groß, Power Forward und Center

Timothy Theodore „Tim" Duncan (geboren am 25. April 1976 auf den Jungferninseln) war der Kapitän der San Antonio Spurs. Für sie spielte er nach dem College von 1997 bis zu seinem Karriereende 2016. Er gewann fünf NBA-Titel und wurde zweimal in der regulären Saison und dreimal in den NBA-Finals zum wertvollsten Spieler gewählt. Er schaffte es, in drei verschiedenen Jahrzehnten die NBA-Meisterschaft zu gewinnen.

- Die Heat sind in Miami beheimatet.
- Sie haben drei NBA-Titel gewonnen.
- Die Teamfarben sind Rot und Weiß.
- Sie spielen in der American Airlines Arena.

Die Miami Heat erreichten in 20 von 30 Saisons die Play-offs und gewannen nach einer vielversprechenden, aber von Pech gekennzeichneten Zeit, geprägt durch das Duo Tim Hardaway-Alonzo Mourning, dreimal die NBA-Meisterschaft. Den ersten Titel erzielten sie 2006, als sie die Dallas Mavericks 4:2 schlugen. Maßgeblich daran beteiligt waren Dwyane Wade und Shaq O'Neal. Den zweiten und dritten Titel gewannen sie in der Ära der Big Three (Dwyane Wade, LeBron James und Chris Bosh): 2012 gegen die Oklahoma City Thunder (4:1) und 2013 gegen die San Antonio Spurs (4:3).

DWYANE WADE UND DIE MIAMI HEAT 2005–2014

- Dwyane Wade trägt den Spitznamen „Flash" (deutsch: „Blitz"), weil er blitzschnell ist.
- 1,93 Meter groß, Shooting Guard

DWYANE WADE

Dwyane Tyrone Wade (geboren am 17. Januar 1982 in Chicago) ist einer der Shooting Guards, die die NBA in den letzten 15 Jahren prägten. Er hat eine starke, ruhige Persönlichkeit und vereint erfolgreich körperliche Stärke und Technik. Er ist schnell, kraftvoll und wendig und gut in der Penetration und im Werfen. Wade ist für seine Teamfähigkeit bekannt und gilt als der beste Schütze in der Geschichte der Miami Heat. Er war der vierte Spieler in der Geschichte der NBA, dem im All-Star-Game ein „Triple Double" gelang, mit 24 Punkten, 10 Rebounds und 10 Assists im Jahr 2012. Er ist auch der Guard mit den meisten Würfen in den Play-offs.

THUNDER

- Die Thunder sind in Oklahoma City beheimatet.
- Die Teamfarben sind Orange, Blau und Weiß.
- Sie spielen in der Chesapeake Energy Arena.

WESTBROOK, DURANT UND DIE THUNDER 2008-2014

Die Thunder wurden 2008 in Oklahoma gegründet und sind Nachfolger der Supersonics, einer Mannschaft aus Seattle, die einmal die Meisterschaft gewann und weitere zwei Male im Finale stand. Den Höhepunkt erlebten die Thunder durch die Entwicklung des Duos Westbrook-Durant, das das Team ins Finale 2012 führte, wo es Miami unterlag.

Der 2,08 Meter große Small Forward Kevin Durant (geboren am 29. September 1988 in Washington) wurde 2013-2014 zum wertvollsten Spieler gewählt. 2016-2017 gewann er den NBA-Titel mit den Warriors, und er holte olympisches Gold in London und Rio de Janeiro. Kevin Durant spielt seit 2016 bei den Golden Star Warriors.

Der 1,91 Meter große Russell Westbrook (geboren am 12. November 1988 in Long Beach) gilt als der derzeit beste Spieler der NBA und wurde 2016-2017 zum wertvollsten Spieler ernannt. Er nahm siebenmal am All-Star-Game teil und gewann in London olympisches Gold.

SUNS

- Die Suns sind in Phoenix beheimatet.
- Die Teamfarben sind Orange und Violett.
- Sie spielen in der Talking Stick Resort Arena.

STEVE NASH UND DIE PHOENIX SUNS 2004-2010

Die Phoenix Suns sind eines der erfolgreichsten Teams in der NBA, auch wenn sie noch nie die Meisterschaft gewannen. Sie standen zweimal im Finale und haben den viertbesten Prozentsatz aller Zeiten, was Siege betrifft (55 %). Das Team erlebte zwei wichtige Zeiten: 1992 bis 1996 mit Charles Barkley, der als einer der besten „kleinen" Center aller Zeiten gilt, und 2004 bis 2010 mit Steve Nash.

Der 1,91 Meter große Steve Nash (geboren am 7. Februar 1974 in Johannesburg) war der beste NBA-Spieler in den Saisons 2004 bis 2006. Als herausragender Schütze ist er einer von sieben NBA-Spielern, die zum „50-40-90-Klub" gehören, d. h., Spieler, die in einer oder mehr Saisons eine Trefferquote von 50 % aus dem Feld, 40 % von der Drei-Punkte-Linie und 90 % aus Freiwürfen erreichten.

MAVERICKS

- Die Mavericks sind in Dallas beheimatet.
- Die Teamfarben sind Blau und Silber.
- Sie spielen im American Airlines Center.

DIRK NOWITZKI UND DIE MAVERICKS 1999-2019

Die Dallas Mavericks, San Antonio Spurs und Houston Rockets sind die drei NBA-Teams aus Texas. In ihren 38 Saisons in der NBA nahmen die Mavericks 21-mal an den Play-offs teil. 2011 gewannen die Mavericks ihren ersten NBA-Titel, nachdem sie die Miami Heat in den Finals mit 4:2 geschlagen hatten.

Zu den herausragenden Spielern zählen Jason Kidd und Dirk Nowitzki. Nowitzki (geboren am 19. Juni 1978 in Würzburg) gilt als der beste deutsche Basketballer aller Zeiten. Der 2,13 Meter große Power Forward kann auch als Center spielen. Nowitzki ist treffsicher aus der Distanz, was bei Spielern seiner Größe selten vorkommt. Seine Distanzwürfe machen ihn zusammen mit seiner Größe beinahe unschlagbar.

DIRK NOWITZKI

HAKEEM OLAJUWON

ROCKETS

- Die Rockets sind in Houston beheimatet.
- Die Teamfarben sind Weiß und Rot.
- Sie spielen im Toyota Center.

OLAJUWON UND DIE ROCKETS 1984-1995

Die Houston Rockets sind eines der erfolgreichsten Franchises der NBA. 1981 erreichten sie auch dank des talentierten Centers Moses Malone erstmals das Finale. 1994 und 1995 gewannen die Rockets dank des herausragenden Olajuwon ihre beiden Meisterschaften.

Hakeem Abdul Olajuwon (geboren am 21. Januar 1963) hatte den Spitznamen „the Dream" (deutsch: „Traum"). Mit einer Größe von 2,13 Metern und einem Gewicht von 116 Kilogramm war der Center in der Nähe des Korbs unschlagbar. Aus mittlerer Distanz war er treffsicher, und er verfügte auch über eine große defensive Präsenz.

Houston erreichte auch zu der Zeit von Yao Ming und Tracy McGrady (2004-2005) und kürzlich mit James Harden, einem großartigen Point Guard, gute Ergebnisse.

SIXERS   KNICKS

▶ Die Sixers sind in Philadelphia beheimatet.
▶ Die Teamfarben sind Rot, Blau und Weiß.
▶ Sie spielen im Wells Fargo Center.

▶ Die Knicks sind in New York beheimatet.
▶ Die Teamfarben sind Blau und Orange.
▶ Sie spielen im Madison Square Garden.

PAT EWING

ALLEN IVERSON UND DIE SIXERS 1996-2006

Die Philadelphia 76ers, auch als „Sixers" bekannt, haben drei Titel gewonnen – den ersten 1955, als sie noch in Syracuse beheimatet waren; den zweiten in der Saison 1966-1967, als Chamberlain, Hal Greer und Billy Cunningham in der regulären Saison 68 Spiele gewannen, die Dominanz der Boston Celtics beendeten und im Finale die Warriors schlugen; und den dritten 1983 mit Moses Malone, als sie die Lakers im Finale besiegten. Doch alle Fans erinnern sich an die 10 Jahre, die Allen Iverson für die 76ers spielte. Der 1,83 Meter große Star verkörperte den Geist von Philadelphia am besten. Vor allem bleiben den Fans die brillanten, spektakulären Finals von 2001 im Gedächtnis, als die Sixers von den „unbezwingbaren" Lakers geschlagen wurden.

PAT EWING UND DIE NY KNICKS 1985-1999

Die New York Knicks verdanken ihren Namen dem Wort „Knickerbockers", einer altmodischen Bezeichnung für die Einwohner von New York City. Sie gewannen zwei NBA-Titel, 1970 und 1973, beide in der Ära von Walt Frazier und Willis Reed. Mit dem Ausnahmetalent Pat Ewing, einem 2,13 Meter großen Center, und dem großartigen Trainer Pat Riley kamen sie nah an einen dritten Titel heran. In den Finals von 1994 führten sie zwischenzeitlich 3:2 gegen die Houston Rockets um Hakeem Abdul Olajuwon, doch Houston gewann schließlich 4:3. Auch in der Saison 1998-1999 erreichten sie als Achtplatzierte ihrer Conference unerwartet die Finals, wo sie mit einem verletzten Ewing und einem angeschlagenen Larry Johnson nach fünf Spielen von den San Antonio Spurs mit David Robinson und Tim Duncan geschlagen wurden.

ALLEN IVERSON

PISTONS

- Die Pistons sind in Detroit beheimatet.
- Die Teamfarben sind Blau und Rot.
- Sie spielen in der Little Caesars Arena.

ISIAH THOMAS UND DIE PISTONS 1981–1994

Die Pistons aus Auburn Hills, einem Vorort von Detroit, gewannen 1989, 1990 und 2004 die NBA-Meisterschaft. Bei ihrem ersten Titel schlugen sie die LA Lakers und bei ihrem zweiten besiegten sie Portland in der „Bad Boys Era", die durch eine körperbetonte, defensive Spielweise gekennzeichnet war. In beiden Fällen trafen sie auf dem Weg zum Finale auf die Bulls um Jordan und Pippen. Zu den Pistons-Spielern dieser Zeit zählen Joe Dumars und vor allem Isiah Thomas, ein Spieler von „normaler" Statur, aber mit außergewöhnlicher Spielintelligenz, der 13 Jahre lang einer der wichtigsten Spieler der Pistons war. Den dritten Titel gewannen die Pistons 2004 mit Wallace und Billups, dem MVP der Finals, in denen sie die Lakers-Stars Shaquille O'Neal, Kobe Bryant, Gary Payton und Karl Malone bezwangen.

ISIAH THOMAS

JAZZ

- Die Jazz sind in Salt Lake City beheimatet.
- Die Teamfarben sind Blau, Gelb und Grün.
- Sie spielen in der Vivint Smart Home Arena.

JOHN STOCKTON UND DIE JAZZ 1984–2003

Das Franchise Jazz repräsentiert Salt Lake City, aber auch den gesamten Staat Utah. Trotz ihrer ruhmreichen Geschichte gewannen die Jazz nie einen NBA-Titel. Dabei war sicherlich ein bisschen Pech im Spiel. Ihre beste Zeit, die zweite Hälfte der 1990er-Jahre, fiel mit der Ära von Teams wie den Chicago Bulls um Michael Jordan und den Lakers um Magic Johnson zusammen. 1997 und 1998 erreichten die Jazz die Finals, die sie beide Male gegen die Bulls verloren. Maßgeblich am Finaleinzug beteiligt waren Karl Malone, Jeff Hornacek und John Stockton, der mit einer Größe von 1,85 Metern als einer der besten Spieler der Geschichte gilt.

JOHN STOCKTON

DAS ANDERE AMERIKA

Amerikanischer Basketball ist nicht nur die NBA. Neben den unteren Ligen gibt es noch zwei weltbekannte Phänomene: die NCAA (College-Basketball) und die Globetrotters, das Team, das mit einem bunten Ball eine Show darbietet.

COLLEGE-BASKETBALL

NCAA steht für „National Collegiate Athletic Association". Dieser Verband vereint Colleges und Universitäten in den USA und organisiert leistungsorientierten Sport. Vor allem veranstaltet er die Basketball- und American-Football-Meisterschaften.

Nach der NBA ist das NCAA-Turnier die wichtigste amerikanische Basketballmeisterschaft. Heutzutage nehmen über 350 Teams, die in 32 Conferences aufgeteilt sind, an der NCAA Division I teil. Das Siegerteam wird ähnlich wie beim Tennis durch direkte Eliminierung auf einem neutralen Spielfeld bestimmt. Im Laufe der Jahre wurden immer mehr Teams zu dem Turnier eingeladen. Derzeit sind es 68, die 32 Gewinner der jeweiligen Conferences plus 36 weitere Mannschaften, die, basierend auf ihren Ergebnissen während der Meisterschaft, ausgewählt werden. Am erfolgreichsten war bislang die UCLA (11 Siege), gefolgt von Kentucky (acht), North Carolina (sechs), Duke und Indiana (fünf).

DIE HARLEM GLOBETROTTERS, DIE BASKETBALLCLOWNS

Die Harlem Globetrotters sind ein Basketballteam – eines der berühmtesten der Welt –, das beinahe schon akrobatische technische Fertigkeiten mit Comedy verbindet. Sie wurden 1927 in den USA gegründet, entwickelten allmählich ihren eigenen Stil und wurden „die akrobatischen Basketball-clowns". Sie haben schon mehr als 20.000 Spiele in über 100 Ländern bestritten. Dank ihrer weltweiten Beliebtheit erreichten sie auch außerhalb des Sports Erstaunliches: 1951 spielten sie mitten im Kalten Krieg in Berlin, und 2000 überzeugten sie die Basketballlegende Wilt Chamberlain, das an die amerikanische Flagge angelehnte Trikot mit den Streifen und Sternen überzustreifen. Ebenfalls 2000 ernannten sie Papst Johannes Paul II. zum Ehrenmitglied.

Alberto Bertolazzi

begann seinen Werdegang als Radio- und Printjournalist, wo er sich sowohl mit lokalen und landesweiten Zeitschriften, Illustrierten und Reisemagazinen befasste. Als Autor hat er an Lehrbüchern zum Thema Sport gearbeitet und illustrierte Bände mit historischen, natürlichen und künstlerischen Ansätzen verfasst. Sein erstes Werk als Romanautor veröffentlichte er im Jahr 2011 mit *Il rugby salverà il mondo (Rugby wird die Welt retten)*. Er hat viele Sportarten praktiziert, einige davon auf Wettbewerbsniveau (Leichtathletik, Fußball, Rugby), andere auf Amateurniveau (Tennis, Schwimmen, Sporttauchen). Er hat sich als Tauchlehrer, Vorsitzender eines Amateurfußballclubs und Fußball- und Rugbytrainer für Jugend- und Kindermannschaften engagiert. Bertolazzi hat mit NuiNui Editions bereits an mehreren Kinderbüchern gearbeitet, darunter auch *Sport kinderleicht erklärt*.

Originaltitel:
Il basket spiegato ai bambini, © 2018 by Snake SA, nuinui®
nuinui® ist eine eingetragene Marke von Snake SA. © 2017 Snake SA
Die deutsche Version basiert auf:
Basketball for Kids – An Illustrated Guide
© 2019 by Meyer & Meyer Sport (UK) Ltd.
Übersetzung aus dem Englischen: Kristina Mundt

Basketball für Kinder

Bibliografische Information der Deutschen Nationalbibliothek
Die Deutsche Nationalbibliothek verzeichnet diese Publikation in der Deutschen Nationalbibliografie; detaillierte bibliografische Details sind im Internet über <http://dnb.d-nb.de> abrufbar.

Alle Rechte, insbesondere das Recht der Vervielfältigung und Verbreitung sowie das Recht der Übersetzung, vorbehalten. Kein Teil des Werkes darf in irgendeiner Form – durch Fotokopie, Mikrofilm oder ein anderes Verfahren – ohne schriftliche Genehmigung des Verlages reproduziert oder unter Verwendung elektronischer Systeme verarbeitet, gespeichert, vervielfältigt oder verbreitet werden.

© 2020 by Meyer & Meyer Verlag, Aachen
Auckland, Beirut, Dubai, Hägendorf, Hongkong, Indianapolis, Kairo, Kapstadt, Manila, Maidenhead, Neu-Delhi, Singapur, Sydney, Teheran, Wien
Member of the World Sport Publishers' Association (WSPA)

Grafische Gestaltung: Arianna Osti
Cover-Artwork: Maria Pia Bellizzi
Art director: Clara Zanotti
Satz: Zerosoft
Lektorat: Dr. Irmgard Jaeger
Gesamtherstellung: Print Consult GmbH, München

ISBN 978-3-8403-7643-6
E-Mail: verlag@m-m-sports.com
www.dersportverlag.de